James/Savary · *Befreites Leben*

MURIEL JAMES / LOUIS M. SAVARY

Befreites Leben

Transaktionsanalyse

und religiöse Erfahrung

Mit einem Leitfaden für die Gruppenarbeit

CHR. KAISER

Titel der Originalausgabe:
The Power at the Bottom of the Well.
© 1974, 1976 Collins Associates Publishing, Inc., New York City, and Muriel James.

Redaktion und Einführung von Helmut Harsch.
Aus dem Amerikanischen von Anna Sannwald.

CIP-Kurztitelaufnahme der Deutschen Bibliothek

James, Muriel
Befreites Leben: Transaktionsanalyse u. religiöse
Erfahrung; mit e. Leitfaden für d. Gruppenarbeit/
Mauriel James; Louis M. Savary. –
Einheitssacht.: The power at the bottom of the well <dt.>
NE: Savary, Louis M.

ISBN 3-459-01102-5

INHALT

3

55   Wie sollen sie an den glauben, von dem sie nichts gehört haben?
EL-, ER- und K-Glaubende

In der vorderen Reihe · Die religiöse Erfahrung des EL-Glaubenden · Die religiöse Erfahrung des K-Glaubenden · Die religiöse Erfahrung des ER-Glaubenden · Lauter als Worte · EL-Glaubende und ihre kirchlichen Aktivitäten und Verhaltensweisen · K-Glaubende und ihre kirchlichen Aktivitäten und Verhaltensweisen · ER-Glaubende und ihre kirchlichen Aktivitäten und Verhaltensweisen

4

75   Wie kann ein Mensch geboren werden, wenn er alt ist?
Ok- und nicht-ok-Glaubende

Die vier Lebenspositionen · Die erste Lebensposition: Ich bin ok – du bist ok · Die zweite Lebensposition: Ich bin ok   du bist nicht ok · Die dritte Lebensposition: Ich bin nicht ok – du bist ok · Die vierte Lebensposition: Ich bin nicht ok – du bist nicht ok · Einige Gedanken über die vier Lebenspositionen · Streicheln · Ok-Sein und Glaube · Die vertrauensvollen Glaubenden (Ich bin ok – du bist ok) · Die überheblichen Glaubenden (Ich bin ok – du bist nicht ok) · Die ängstlichen Glaubenden (Ich bin nicht ok – du bist ok) · Die verzweifelten Glaubenden (Ich bin nicht ok – du bist nicht ok)

5

99   Wer ist aber nun ein treuer und kluger Diener des Herrn?
Die Verhaltensweisen der Glaubenden und warum sie so geworden sind

Was kann ich tun? · Das Verhalten der vertrauensvollen Glaubenden · Warum die vertrauensvollen Glaubenden so sind · Das Verhalten der überheblichen Glaubenden · Warum die überheblichen Glaubenden so sind · Das Verhalten der ängstlichen Glaubenden · Warum die ängstlichen Glaubenden so sind · Das Verhalten der verzweifelten Glaubenden · Warum die verzweifelten Glaubenden so sind

VORWORT
ZUR
DEUTSCHEN AUSGABE

Muriel James ist in unserem Lande keine Unbekannte mehr, seit ihr amerikanischer Bestseller »Born to win«, den sie zusammen mit Dorothy Jongeward verfaßt hat, auch in deutscher Übersetzung erschien (Spontan leben, Hamburg 1974). Sie ist Doktor der Theologie und Pfarrerin der Presbyterianischen Kirche. Seit vielen Jahren leitet sie ein therapeutisch orientiertes Institut für Erwachsenenbildung nördlich von San Francisco. Innerhalb der neuen tiefenpsychologischen Schule der Transaktionsanalyse gehört sie zur ersten Generation der Schüler Eric Bernes.

Louis M. Savary ist katholischer Priester, Mitglied des Jesuiten-Ordens und Mitautor eines Bestsellers, der »Passages«, eines Buches, das als »Anleitung für geistliche Pilger« in den USA weite Verbreitung fand.

Das Ergebnis ihrer Zusammenarbeit liegt hier vor als eine praktische »Psychologie des Glaubens« (H. Müller-Pozzi), d. h. eine Anwendung der Transaktionsanalyse (TA) auf das Verständnis verschiedener Glaubensformen und -ausdrucksweisen. Zu ihrer Inbezugsetzung von Psychologie und Glaube wählten sie zwei grundlegende Konzepte der TA aus:

1. Die Differenzierung der Persönlichkeit in drei verschiedene Ich-Zustände: Eltern-Ich, Erwachsenen-Ich und Kindheits-Ich.

2. Die vier Lebenspositionen des ok- bzw. des nicht-ok-Seins.

Um einen Gewinn aus diesem Buch zu haben, ist es deshalb Voraussetzung, sich über diese Konzepte (und auch deren abgekürzte Schreibweise*) zu informieren. Für Leser, die sich noch eingehender mit TA beschäftigen wollen, ist am Ende eine Literaturliste aufgeführt.

Die Herausgabe der deutschen Übersetzung geschah nicht ohne Zögern. Als ich das Buch zum ersten Mal las, war ich einerseits fasziniert, andererseits aber auch ärgerlich. Fasziniert war ich von dieser einleuchtenden, konsequenten und zugleich differenzierten Anwendung von TA auf das Verständnis des Glaubens. Etwas Vergleichbares, für Fachleute wie Laien gleichermaßen Interessantes, war mir im deutschen Sprachraum nicht bekannt. Ärger lösten in mir die mangelhafte theologische Reflexion sowie die Begrenzung auf eine bestimmte Gemeindesituation aus, wie sie vor allem in katholischen Kirchengemeinden der USA vorhanden zu sein scheint. Es gibt sicher gegenwärtig in den USA noch andere Formen von Theologie als die hier dargestellte. Die Typisierung wird durch diese Begrenzung manchmal allzu plakativ und in ihrer Wiederholung stereotyp.

---

* Das betrifft in besonderer Weise die hierzulande zunächst eher schnoddrig klingende Wendung »Ich bin ok« bzw. »Ich bin nicht ok«, die in diesem Buch mit aller Ernsthaftigkeit und Gefühlstiefe eine positive bzw. negative Grundstimmung meint, also auch auf religiöse Einstellungen und Verhaltensweisen bezogen werden kann. Da sich in hiesigen Fachkreisen die ok-Formel durchweg eingebürgert hat, ist sie auch hier übernommen worden.

Der Eindruck des Ärgerlichen schwand jedoch in dem Maße, wie ich selbst mit diesem Buch arbeitete. Es ist ein Buch, das seine Leser vor allem zum eigenen Nachdenken anregt. Hilfreich dazu sind die Fragen und Vorschläge am Ende eines jeden Kapitels. Das Buch eignet sich deshalb zum Selbststudium, vor allem, wenn man die Erkenntnisse mehr auf sich selbst und weniger zur bloßen Kategorisierung der anderen anwendet.

Seine intensivste Wirkung entfaltet das Buch jedoch in der Gruppenarbeit in einer Atmosphäre gemeinsamen Suchens, gegenseitiger Rückmeldung und Annahme. Ich möchte hierfür drei Beispiele anführen, bei denen ich selbst Erfahrungen mit der Verwendung dieses Buches machen konnte.

1. Geistliche Wachstumsgruppen

In den letzten Jahren wurden zahlreiche gruppendynamische Trainings und workshops angeboten, die das persönliche Wachstum der Teilnehmer zum Ziel hatten. Die Fragen des Glaubens blieben dabei meist am Rande. Da persönliches und geistliches Wachstum aber nicht voneinander zu trennen sind (s. Clinebell und Knowles), haben wir unter dem Thema »Glaube und Identität« Seminare durchgeführt. Die dabei aus dem Buch von James/Savary angebotenen Materialien haben geholfen, sich deutlicher des eigenen Glaubens bewußt zu werden: Welche Aspekte meines Glaubens habe ich von wem übernommen (geprüft oder ungeprüft)? Was sind meine heutigen »Erwachsenen«-Glaubenserkenntnisse und -entscheidungen? Was für kindliche Glaubens- und Gottesvorstellungen sind bei mir versteckt oder offen wirksam, erfahrbar z. B. in Situationen der Lebensgefahr, wenn ich plötzlich zu beten anfange, obwohl mir mein Erwachsenen-Ich sagt, daß dies sinnlos sei?

Die Erkenntnis, daß *gleichzeitig* verschiedene Glaubensvorstellungen in mir vorhanden sind, die verschiedenen Ursprungs sind und ihre Eigenständigkeit besitzen, hat etwas Befreiendes. Sie hilft, verantwortlicher mit der zwischen ihnen bestehenden Spannung umzugehen, als wenn man nur von der Illusion eines monolithischen Glaubens ausgeht. Dies hilft vor allem Pfarrern, offener mit Menschen verschiedener Frömmigkeitsformen in ihren Gemeinden umzugehen.

2. Elternseminare zur frühkindlichen religiösen Erziehung

Solche Seminare zeigen, daß es gerade diese eigenen unverarbeiteten Spannungen sind, die es Eltern schwer machen, spontan und offen auf die Äußerungen des Glaubens ihrer Kinder einzugehen. In der Pubertät hatten sie mühsam gelernt, ihren Glauben ihrem Denken anzupassen (falls sie ihn nicht völlig aufgaben); die spontanen und noch wenig reflektierten Glaubensäußerungen ihrer Kinder bedrohen nun dieses innere Gleichgewicht. Sie suchen dies dadurch zu retten, daß sie ihre Kinder mit einer Glaubensproblematik belasten, die noch nicht die ihre ist. Mögliche Glaubensgespräche werden dadurch blockiert. Dieses Buch vermittelt Eltern die Erlaubnis, mit dem eigenen Kindheitsglauben und seiner Gottesvorstellung wieder in Kontakt zu kommen, um damit auch hilfreich auf die eigenen Kinder eingehen zu können.

3. Predigtvorbereitungsgruppen, Meditation biblischer Texte

Die Erkenntnisse von James und Savary helfen auch, intensiver in die Dynamik biblischer Texte einzudringen. So hat z. B. eine Vorbereitungsgruppe das Gleichnis vom verlorenen Sohn so meditiert, daß der äußere und innere Dialog von Eltern-, Erwachsenen- und Kindheits-Ich der drei Hauptfiguren des Gleichnisses entfaltet wurden und sich damit ein neuer Zugang zu der Geschichte ergab.

Ähnliches gilt natürlich auch im Blick auf die Predigthörer. Ein und derselbe Text spricht gleichzeitig verschiedene Ich-Zustände beim Hörer an. Um dies auch äußerlich sichtbar zu machen, kann man sechs Stühle aufstellen, auf die sich ein Einzelner nacheinander oder verschiedene Personen gleichzeitig setzen. Jeder Stuhl entspricht einem bestimmtem Ich-Zustand: dem nährenden und dem kritischen Eltern-Ich, dem Erwachsenen-Ich, dem angepaßten, dem rebellischen und dem freien Kind. Die verschiedenen Ich-Zustände können dann miteinander über den Text ins Gespräch kommen. Am Schluß wird eine Entscheidung im Erwachsenen-Ich aller Beteiligten getroffen, wie das Ergebnis dieses Prozesses in die Predigt aufgenommen werden soll.

Interessant wäre es auch, dieses Modell der drei Ich-Zustände auf die gegenwärtige Theologie bzw. die Theologiegeschichte anzuwenden. Theologie ist als Reflexion des Glaubens zunächst wesentlich eine Funktion des Erwachsenen-Ich. Sie setzt sich allerdings auch mit Tradition auseinander und vermittelt Orientierung und Werte (Eltern-Ich-Aspekt). Problematisch scheint mir die Rolle des Kindes in der Theologie zu sein; aber ohne seine Neugier und Begeisterung, seine Rebellion und Intuition wird es keine Erkenntnis und Veränderung bewirkende Theologie geben.

Ziel der Autoren ist es, Glaubenden, ob sie nun Theologen oder Laien sind, zu ihrer eigenen Selbstständigkeit und zu ihrem geistlichen Erwachsensein zu verhelfen, woran alle Ich-Zustände beteiligt sind. Da ich dieses Ziel für ein sehr wichtiges halte, wünsche ich diesem Buch eine weite Verbreitung, damit viele zu eigenen Versuchen und zur intensiven Verarbeitung der hier angedeuteten Fragen angeregt werden.

Friedberg, im Januar 1977 *Prof. Dr. Helmut Harsch*

1 IST AUCH EIN WORT VOM HERRN VORHANDEN?

Jeremia 37,17

Eine Einführung in die Transaktionsanalyse

Der Ort, an dem alles anfängt

In jedem Menschen liegen tief innen die Fragen: Wer bin ich? Warum bin ich vorhanden? Wohin gehe ich? Wie kann ich mit all den anderen zusammen leben?

Wer bin ich? Nun, ich bin zunächst einfach Susanne oder Peter und versuche etwas aus meinem Leben zu machen. Manchmal gelingt es mir, manchmal bin ich recht mittelmäßig, und manchmal mache ich alles falsch. Dann fühle ich mich nicht ok.

Ich frage mich auch: *Warum* bin ich vorhanden? Und warum bin ich *ich?* Warum bin ich *hier?* Was soll das alles?

Und dann passiert es zuweilen: plötzlich kommt die Sonne heraus und scheint auf eine Wiese voller Löwenzahn, auf einen Haufen frisch getrockneten Heus, eine Gruppe hoher Bäume, die sich im Wind bewegen, oder auf die weiß schäumende Gischt des Wassers, das über Felsen herunterstürzt.

Oder ich sehe den Blick eines Menschen voller Angst oder Freude auf mich gerichtet, der das Verlangen hat, sich mir mitzuteilen. Dann entsteht plötzlich Wissen. Einen vorüberhuschenden Augenblick lang weiß ich: ich bin, der ich bin, und ich weiß auch warum. Dann fühle ich mich ok.

Dieser Augenblick geht vorüber, und ich frage mich: *Wohin* gehe ich? Was bedeutet das alles? Sind die Augenblicke, als ich die Blumen und den Wasserfall sah, wirklich real, und ist dementsprechend das tägliche Einerlei irgendwie weniger real? Oder ist es gerade umgekehrt? Denn wenn beides wahr ist, wie kann ich dann *in Wirklichkeit* sein?

Wie kann ich wirklich mit all den Leuten leben und nicht nur gewisse Dinge mit ihnen zusammen tun?

Dann und wann schlage ich die Bibel auf und suche nach Stellen, die von der Hoffnung sprechen. Ich finde solche Stellen und frage mich: ist es womöglich wahr, daß Gott mir sagt, ich sei ok? Ab und zu wallt ganz aus dem Inneren das Gefühl auf, angenommen zu sein, und ich glaube mindestens für diesen Augenblick, es könnte doch wahr sein: ich könnte ok sein mit Gott.

»Ist auch ein Wort vom Herrn vorhanden?«

Als ich kürzlich nach einem »Wort« vom Herrn Ausschau hielt, nahm ich an einer Veranstaltung teil, bei der Leute verschiedenen Glaubens zusammenkamen, um ihre Überzeugungen zu diskutieren. Durch manche ihrer Äußerungen fühlte ich mich verwirrt. »Die Bibel ist das inspirierendste Buch, das ich je gelesen habe.« »Wenn ich abends im Bett in der Bibel lese, schlafe ich gleich ein.« »Ich habe den Eindruck, Jesus will, daß wir höflich und freundlich zueinander sind.« »Jesus war ein Revolutionär; warum also sitzen wir hier in unserer kleinen Kirche so fromm herum?« »Der Pfarrer weiß alles am besten, daher sollten wir auf ihn hören.« »Unser Pfarrer weiß gar nicht, was das alles bedeuten soll.« »Seit Jahren versuchen wir, unseren Gottesdienst neu zu gestalten.« »Wir wollen, daß der Gottesdienst so bleibt, wie er immer war.« »Man kann den Leuten, die in die Kirche gehen, nicht trauen.« »Ich habe es gern, wenn wir das Lied ›Ein feste Burg ist unser Gott‹ singen.« »Mir scheint, unser neuer Pfarrer glaubt nicht einmal an die Hölle.« »Natürlich glaube ich an Wunder.« »Ich natürlich nicht.« »Alle Kinder sollten in den Kindergottesdienst kommen.« »Wir hätten eine bessere Welt, wenn unsere jungen Leute sich nur mit Partnern ihres eigenen Glaubens treffen würden . . .«

Nach derartigen Zusammenkünften weiß ich manchmal nicht, was ich denken soll. Oft fällt es mir schwer zu wissen, welches ist nun ein Wort vom Herrn und welches nicht.

Manche Ansichten widersprechen einander; so wird z. B. die Bibel als inspirierend und als Schlafmittel gesehen, und dem freundlichen, milden Jesus steht der Sozialrevolutionär gegenüber. Widersprüche sind nicht unüblich, ich weiß das wohl. In Fragen der Religion kommt es oft zu gegenteiligen Auffassungen und zu Mißverständnissen. Manche Leute suchen nach Wegen, mit diesen Problemen sich auseinanderzusetzen, andere dagegen vermeiden sie.

Ein psychologisches Hilfsmittel

Dieses Buch bietet die Transaktionsanalyse (TA) als psychologisches Hilfsmittel an, um die Unterschiedlichkeit der Aussagen verschiedener Menschen über ihre religiösen Erfahrungen zu verstehen. Sie vermeidet dabei nicht die Vorstellungen, die manchmal im Widerspruch zueinander stehen. Im Licht psychologischer Betrachtung zeigen sich die Unterschiede in den Auffassungen, besonders im Bereich theologischer Vorstellungen, häufig als Ausdruck tiefgreifender Unterschiede der Persönlichkeit. So wird z. B. von Menschen, die ein negatives Selbstbild haben, die Liebe Gottes oft als strafend und unterdrückend erlebt, während sie für andere, die mit sich und dem Leben im Einklang stehen, hilfreich und befreiend ist. Wir versuchen zu zeigen, in welcher Weise theologische und psychologische Elemente so verwendet werden können, daß der Leser sowohl in seinem Alltag wie in seinem religiösen Leben klarer denken und wirksamer handeln lernt.

Die TA, eine anerkannte und in vielen Teilen der Welt akzeptierte Psychologie, wurde von dem Arzt und Psychiater Eric Berne entwickelt. Ursprünglich wurde sie von psychotherapeutischen Fachleuten dazu verwandt, seelisch oder geistig Kranken zum Verständnis ihrer selbst zu helfen. Dann aber erwies sich TA theoretisch und methodisch so praktikabel, daß für die Anwendung ihrer Methode in Familien und Schulen, im Geschäftsleben und in der Industrie, in kirchlichen Verbänden und auf dem weiten Feld der öffentlichen Gesundheitspflege bald neue Wege entdeckt wurden. Die Menschen begannen TA in Anspruch zu nehmen, um sich selbst besser zu verstehen, ihre Beziehungen zu anderen Menschen zu beleben, die Beziehung zu Gott zu vertiefen und ihre religiösen Erfahrungen zu erweitern.

So gesehen hat TA fünf spezifische Vorteile gegenüber den bisherigen Psychologien, wie sie von Freud, Jung, Adler u. a. entwickelt worden sind.

Die fünf Vorteile der Transaktionsanalyse

(1) TA ist eine *Psychologie der Selbsthilfe*
Die meisten psychologischen Systeme sind auf Berater, Kliniker, Psychologen, Therapeuten, Psychiater und andere Fachleute angewiesen. TA dagegen kann auch denen, die nur darüber lesen, schon einen erstaunlichen Anstoß geben. Ihr Grundkonzept ruft sofortige Reaktionen hervor.

Manche psychologischen Probleme, bei denen auch Religion mit im Spiele ist und mit denen man sich außerhalb einer

18

Beraterpraxis befassen kann, lassen sich häufig mit Hilfe der TA klären. Natürlich ist TA nicht nur eine Psychologie der Selbsthilfe. Viele Fachleute wenden sie in der Therapie ihrer Klienten an. Leute die die TA-Theorie beherrschen, können ihre Grundideen in wenigen Minuten erklären. Siebenjährige Kinder sind imstande, das Konzept der TA aufzugreifen und es sinnvoll anzuwenden.

(2) TA ist eine *Psychologie, die nicht abschreckt*
Während andere Theorien die unbewußten Kellerräume der Psyche erforschen und sich mit vorgefaßten Meinungen von Sexualität, Narzißmus, Todestrieb, frühen Traumata und mit anderen untergründigen Problemfeldern befassen, konzentriert sich TA auf leicht zu beobachtende Verhaltensweisen, wie z.B. eine ganz gewöhnliche Unterhaltung, das Lächeln und Stirnrunzeln, die Gestik und andere Formen körperlicher Kommunikation. Religiöse Probleme, die sich im alltäglichen Verhalten und im Gespräch darstellen, können durchaus mit Hilfe der TA bearbeitet werden.

(3) TA ist eine *Psychologie der Veränderung und des persönlichen Wachstums*
Manche der herkömmlichen Psychologien zielen nur auf Anpassung bzw. auf ein Verhalten, das den Erwartungen anderer Menschen entspricht, aber nicht auf Veränderung und Wachstum. TA ist dafür entwickelt worden. Menschen zu einer Veränderung zum Besseren zu verhelfen. TA ist eine Psychologie voller Hoffnung. Es kommt nicht darauf an, wie die Menschen sich selber sehen – ob sie sich in ein negatives Selbstbild fallen lassen oder von einem glücklichen Selbstgefühl erhoben werden –, jeder kann TA anwenden, um seine Selbstwahrnehmung zu schärfen und Bereiche zum Wachstum zu bringen, besonders was das Selbstwertgefühl und die Beziehung zu anderen Menschen betrifft. TA kann denen, die in den Strom des gegenwärtigen religiösen Umbruchs hineingeraten sind, zur Entdeckung vieler Wege helfen, auf denen sie

ihre Beziehung zu Gott und ihre religiöse Erfahrung intensivieren können.

(4) TA *wirkt sofort*

Menschen in Not sind oft lange Zeit bei Beratern und Psychotherapeuten, bevor sie ihre Probleme offenlegen und anfangen, nach Lösungen zu suchen. Mit Hilfe der TA aber werden ihnen binnen kurzer Zeit – oft in Minuten – Einsichten über sich selbst zuteil, über ihre Bedürfnisse und Möglichkeiten, sich zu ändern. Das Vertrautwerden mit TA kann dazu führen, daß sich die Art des religiösen Erlebens unmittelbar verändert. Leute, die schon mit TA vertraut sind, können es lernen, sowohl ihr eigenes religiöses Wachstum als auch das anderer Menschen zu fördern.

(5) TA ist eine *Psychologie für Menschen, die geistig und seelisch gesund sind*

Die meisten Psychologien wurden von Therapeuten zur Behandlung emotional gestörter Menschen oder zum Gebrauch in Krisensituationen entwickelt. Da man nicht krank sein muß, damit es einem besser geht, bekräftigt TA, daß auch gesunde Menschen lernen können, sich ihres ok-Seins gewiß zu sein und sich freier und spontaner in Beziehung zu anderen verhalten zu können. TA erweist sich als besonders hilfreich im Erwecken von Vertrauen, Wachstum, Liebe und Hoffnung.

Die Menschen sind sehr vielschichtig. Religiöse Erfahrungen und Reaktionen können dazu führen, sie noch komplizierter zu machen. Im Blick hierauf hat TA gegenüber anderen komplizierteren Theorien einen weiteren Vorteil durch ihr Bemühen, komplizierte Dinge einfach zu sagen. TA ist zwar nicht *das* Wort vom Herrn, aber sie kann zur Klärung des Wortes beitragen, und das ist eine hilfreiche und gute Erfahrung.

Oft fragen wir: »Wie kam es, daß ich gerade so gehandelt habe?« Oder: »Warum hast du dich so verhalten, wie du es getan hast?« Jeder Mensch, so stellt Eric Berne fest, hat drei voneinander unterscheidbare Ichzustände. Jeder Ichzustand ist ein eigenständiges System von Gefühlen und Verhaltensweisen. Berne nennt diese Systeme: Eltern-Ich (EL), Erwachsenen-Ich (ER) und Kindheits-Ich (K). Zu jedem Zeitpunkt kann der Mensch sich von einem dieser drei Ichzustände aus verhalten oder manchmal auch gleichzeitig von zwei oder drei Ichzuständen aus.

Berne's Begriffe des EL, ER, K haben spezielle Bedeutungen, die in den folgenden Abschnitten besprochen werden sollen. Die Ausdrücke *Eltern* (EL), *Erwachsener* (ER) und *Kind* (K) beziehen sich stets auf die Ichzustände, nicht auf tatsächliche Eltern, Erwachsene oder Kinder.

Das Eltern-Ich

Menschen lernen von ihren eigenen Eltern, was es heißt, Vater und Mutter zu sein. Eltern dienen ihren Kindern als Vorbild, und sie erzeugen im Guten oder im Bösen ein Klima, das Wachstum fördert bzw. hindert. Das Eltern-Ich entwickelt sich in den Kindern dadurch, daß sie Einstellungen und Verhaltensweisen von Vater und Mutter in sich aufnehmen und verinnerlichen. Wenn Großeltern, ältere Geschwister, Hausangestellte oder andere maßgebende Erwachsene eine Elternrolle spielen, wird das Eltern-Ich auch diese in sich aufnehmen. Alle wichtigen Elternfiguren, die in der Kindheit erlebt wurden, verbinden sich und bilden miteinander das Eltern-Ich (EL).

Die Theorie der TA besagt, daß das EL einem Videoband im Gehirn gleicht, das die Gesetze, Ermahnungen, Regeln für das Denken, Fühlen und Verhalten enthält, welche wir von unseren Müttern und Vätern und anderen Erwachsenen übernahmen. Dieses Videoband hat auch all das aufgezeichnet, was wir sie tun sahen, und die Art, wie sie es taten.

Auf diesen Bändern des EL sind Hunderte von *verbalen* »Tu das« und »Tu das nicht« festgehalten, jedes Ja und Nein, all dieses »Widersprich nicht«, »Keine Süßigkeiten vor dem Essen«, »Wenn du betest, dann knie nieder«, »Denk an die Hungernden und iß deinen Teller leer«, »Putz nach jeder Mahlzeit die Zähne«.

Auch Lebensweisheiten und Sprichwörter wie die folgenden fanden in unserer Kindheit Eingang in unser EL: »Erst denken, dann handeln«, »Ein Nadelstich zur rechten Zeit spart neun«, »Jammere nicht über vergossene Milch«, »Große Jungen heulen nicht«, »Wirf nicht gleich die Flinte ins Korn«, »Verschwende nichts, dann hast du alles«, »Trau niemals einem Fremden«. Als Kinder haben wir über Inhalt und Wert solcher Redensarten nicht nachgedacht, wir übernahmen sie einfach von den Autoritätsfiguren, denen wir gefallen und gehorchen wollten. Wir verinnerlichten beides, die spezifischen Wendungen wie auch die darunter liegenden Ermahnungen.

Andere positive und negative Weisungen erreichten uns in *nichtverbaler* Form: durch den Ton der Stimme, durch Streicheln und Koseworte, durch finstere Miene oder Lachen, durch die zärtliche oder schmerzhafte Berührung, die ausdrückte, was Gefallen oder Mißfallen erregt hat.

Später werden sie dann Eltern für ihre eigenen Kinder, oder sie verhalten sich wie Eltern zu ihren Freunden und jüngeren Geschwistern, und verwenden dabei dieselben Verhaltensmuster. Es kann sogar sein, daß sie dann in jener autoritären Art sprechen, als ob sie jetzt *das* Wort vom Herrn hätten, über das früher einmal ihre Eltern zu verfügen schienen.

Bestimmte vertraute Körperhaltungen signalisieren, daß das

EL-Ich »in Aktion« ist: zusammengezogene Brauen, besorgter Blick, erhobener Zeigefinger, finstere Miene, auf den Rücken klopfen, mit dem Fuß aufstampfen, tröstendes Streicheln und manches mehr. Das EL würzt seine Reden häufig mit Ausdrücken wie »immer«, »nie«, »ein für allemal«. Der Ton der Stimme kann herablassend, strafend oder ermutigend und mitfühlend sein. Das EL ist an seinen abrupten, verurteilenden Wendungen erkennbar: »Albern!« »Ungezogen!« »Shocking!« oder auch an gedankenlosen Reaktionen: »Wie kannst du nur!« oder »Laß *mich* das machen!« Jeder von uns verfügt über ein paar bestimmte EL-Worte, EL-Meinungen, EL-Gesten, die charakteristisch für uns sind.

Manchmal bestehen in uns einander widersprechende EL-Vorschriften. So steht z.B. »Sei fair gegen andere« im Gegensatz zu »Laß dich durch niemanden von deinem Vorhaben abbringen«. Oder ein Teil unseres EL kann sagen: »Wenn du das Vaterunser betest, sprich die Worte ›vergib uns unsere Schuld‹«, und gleichzeitig sagt ein anderer Teil: »Der bessere Ausdruck wäre ›vergib uns unsere Übertretungen‹«.

In unserem EL sind Vorschriften aus mehreren Elternquellen enthalten, die wir uns ohne eine Bewertung einverleibt haben. Bei diesen unterschiedlichen Inhalten gibt es natürlich Spannungen, die jenes widersprüchliche Denken und Verhalten spiegeln, das wir an unseren Eltern beobachtet haben; denn unsere Eltern handelten ja zu verschiedenen Zeiten aus ihrem Eltern-, Erwachsenen- und Kindheits-Ich.

Da Mütter und Väter ihrerseits auch EL-, ER und K-Ichzustände haben, werden ihre Kinder Aspekte aus jedem der Ichzustände beider Eltern in sich aufnehmen. Dies schließt auch das ein, was Mutter und Vater von *ihren* Eltern kopierten. Es enthält ihre ER-Fähigkeit, zu denken und überlegt zu handeln; es enthält auch den Sinn für Freiheit oder Unfreiheit und die spezifischen Formen der Anpassung oder deren Mangel, die im Kindheits-Ich ihrer Eltern vorhanden waren. Kinder, die von nicht-leiblichen Eltern erzogen werden, übernehmen Elemente der Ichzustände dieser Ersatz-Eltern. Folglich ist es nicht überraschend, daß wir widersprüchliche EL-Aussagen in uns haben.

Das EL kann für die Persönlichkeit eine große Hilfe sein, so daß alltägliche Gewohnheiten (Zähneputzen, Haarekämmen, Gesichtwaschen) ohne Aufwand erledigt werden. Die genannten Routinehandlungen und hundert andere dieser Art werden nach Vorschriften und Prozeduren vollzogen, die dem EL innewohnen, das uns nützliche Gebote und Verbote vermittelt, die dazu da sind, Kinder zu beschützen und ihr Überleben zu sichern.

Andererseits können Menschen, in denen das EL dominiert, eine Last sein, besonders wenn sie sich gedrungen fühlen, alles exakt auszuführen (»so, wie es immer gemacht worden ist«), oder wenn sie anderen ihre Regeln aufnötigen wollen. Jemand, der ein konstantes EL personifiziert, kann aus anderen Menschen zeitweise ein angepaßtes, gehorsames K hervorlocken, andere aber ziehen sich zurück oder reagieren von ihrem rebellischen K aus.

Leute mit einem starken EL machen auf andere oft einen dominierenden, selbstgerechten oder allwissenden Eindruck. Sie moralisieren immerfort und erteilen ihre Ratschläge mit Formulierungen wie »du solltest«, »du mußt«, »du hast das und das zu tun«. Das EL kann, wenn es nährend ist, positiv und hilfreich sein, dagegen wirkt es schädigend, negativ und strafend, wenn es als überbesorgtes EL auftritt.

Die Zahl der starken EL-Persönlichkeiten ist Legion in religiösen und kirchlichen Institutionen und überall dort, wo Doktrinen, Dogmen, Vorschriften und Reglementierungen formuliert und durchgesetzt werden. Menschen, die in solchem Milieu primär aus dem EL operieren, behandeln andere oft, als wären sie Kinder. Sie machen den Eindruck heiligmäßiger Leute, die die Probleme von jedermann lösen können;

oder sie geben sich als Autoritäten, die alles wissen; oder sie erscheinen als wohlmeinende Diktatoren, die all jene um sich sammeln, die gerne abhängig und unterwürfig sind.

Leute, die erkennen, daß sie ein solches EL[1] haben und dies ändern wollen, können dies lernen: 1. Suchen Sie nach Menschen, Orten und Situationen, die Ihr konstantes EL herausfordern; 2. achten Sie auf Ihre EL-Aussagen und Bandaufzeichnungen und überprüfen Sie sie; und 3. fangen Sie an, sie zu verändern, zu revidieren oder neu zu formulieren.

Nehmen Sie sich einige Augenblicke Zeit

Schreiben Sie die Namen von fünf Elternfiguren auf, die in Ihrer Kindheit einen wichtigen Platz einnahmen. Unter jeden Namen schreiben Sie nun, was der oder die Betreffende zu tun pflegte, und was davon Ihnen angenehm oder unangenehm war – wohlgemerkt nach dem Eindruck, den Sie hatten, als Sie klein waren.

Wenn Ihre Liste abgeschlossen ist, überlegen Sie: Tue ich etwa das eine oder andere von dem Aufgezählten heute selbst, und – wenn ja – in Verbindung mit welchen Leuten tue ich dies? Wenn Sie dazu etwas finden, dann handeln Sie aus ihrem Eltern-Ich.

Das Kindheits-Ich

TA meint mit dem Kindheits-Ich (K) nicht den kleinen Menschen. Wie im EL hat sich auch hier im K ein Satz von Erinnerungen und Bandaufzeichnungen im Gehirn angesammelt, und zwar vom frühesten Alter an. Das EL hielt beobachtbare äußere Ereignisse fest (was die Erwachsenen sagten und taten). Das K dagegen hat innere Antworten und konditioniertes Verhalten aufgezeichnet, das es in der Kindheit gelernt hat. Ihr Kindheits-Ich ist das Kind, das Sie einst waren.

Unzensierte, natürliche Gefühle, gelernte und konditionierte Empfindungen von Schmerz, Glück, Neugierde und Furcht, Einsamkeit und Geborgenheit – all das formt den Kindheitsanteil der Persönlichkeit. Diese inneren Gefühle äußern sich oft mit Lachen und Weinen, mit zitternden Lippen, Zornesausbrüchen und dergleichen mehr.

Immer, wenn die Gefühle stärker sind als die Vernunft, hat wahrscheinlich das K die Führung innerhalb der Persönlichkeit. Reklamen und Illustrierte appellieren oft an das Lust liebende K des Lesers, an das gierige und an das sexuelle K. Viele Anzeigen sind direkt darauf aus, sexuelle Empfindungen zu stimulieren. Ein bestimmtes Parfüm wird da z.B. als *das* ideale Mittel für eine Frau angepriesen, einen Mann an sich zu ziehen. Beim Mann kann ein bestimmtes Rasierwasser ähnliche sexuelle K-Botschaften vermitteln.

Im Kindheits-Ich sind viele positive, aber auch eine Fülle negativer Gefühle gespeichert. Sehr junge Menschen kommen sich körperlich klein vor, ungeschickt und abhängig. Als »Knirpse« sind sie nicht imstande, Dinge effektiv zu tun, die sie andere leicht vollbringen sehen: richtig zu sprechen, die Gabel zu handhaben, ein Buch zu lesen usw. Zudem erzeugen Anzeichen elterlichen Mißfallens das Gefühl, abgelehnt und entmutigt zu werden. Wenn kleine Kinder den Drang haben, Schränke und private Schubladen zu durchsuchen, Papier zu zerreißen und den Löffel wegzuschleudern werden Erwachsene dazwischenkommen und verlangen, daß sie diese Befriedigungen bleiben lassen. Aber Verbote erzeugen meist noch mehr negative Gefühle. In TA werden diese »nicht-ok-Gefühle« genannt. Für manche Kinder ruft schon allein die Situation des Kindseins, z.B. ein paar Minuten auf die trockene Windel warten zu müssen oder bei Nacht allein im Dunkeln aufzuwachen, diese negativen Erfahrungen hervor, die das Kind veranlassen, sich »nicht ok« zu fühlen.

Die positiven emotionalen Erfahrungen des Kindes führen zu

dem, was Berne »ok-Gefühle« nennt. Ein weiches Tier streicheln, an einem Apfel herumkauen, jemanden da haben, der
einen lieb hat – das sind beglückende Erlebnisse für das Kind
in uns. Immer, wenn wir impulsiv reagieren und etwa »Toll!«
oder »Prima!« sagen, dann ist das eine positive Äußerung
unseres K. Dasselbe gilt vom Lachen, Tanzen, Hüpfen, Lächeln, Kichern, in die Hände klatschen und Schreien vor
Freude. Es ist das K in uns, das liebenswert, warm und herzlich sein kann, auch neugierig, phantasievoll und schöpferisch.
Das K liebt es, in den Tag hinein zu träumen; es stellt sich vor,
wie es große Taten vollbringt und große Dinge sagt.
Bevorzugte Ausdrücke des K-Ichs sind z.B. »Ich will« und
»Ich möchte« und die Superlative: am größten, am schnell-
sten, am stärksten, am besten usw. Das K-Ich kann Verant-
wortlichkeiten der Erwachsenen geschickt vermeiden mit
Wendungen wie »Ich kann nicht«, »Ich weiß nicht« oder
»Das ist mir egal«. Das K sucht nach Zeichen der Zustimmung und tut oft nur etwas, um gelobt zu werden.
Nach der TA-Theorie besteht das Kindheits-Ich aus drei
Teilen: dem *natürlichen K,* dem *»Kleinen Professor«* und dem
angepaßten K.
Das *»natürliche Kind«* ist der Teil des Kindheits-Ichs, der aus
dem unzensierten und ausdrucksfähigen Kind besteht. Auf
sich selbst bezogen, zu Gewalt wie zu zärtlicher Nähe fähig,
fragt das natürliche K nicht nach gut oder böse, sondern nur
nach dem, was es impulsiv begehrt. Es zieht das Vergnügen
dem Schmerz vor, es reagiert sofort auf körperliche Empfindungen, es phantasiert gern und ist von nicht zu stillender
Neugierde. Das natürliche K ist etwa so, wie ein Baby wäre,
das völlig unbeeinflußt bliebe. Das natürliche K reagiert auf
religiöse Erlebnisse wie Lust, Freude, Bewegung, Begeisterung, Liebe und Geheimnis. Rhythmus und Melodie, Farbe
und Duft sind starke Reize für diesen Teil der Persönlichkeit.

Der »*Kleine Professor*« ist das sich im K entwickelnde Erwachsenen-Ich, es ist die ungeschulte Weisheit des Kindes, der Teil, der intuitiv, manipulativ und kreativ ist, der Ahnungen hat und nichtverbale Mittelungen erfaßt. Der Kleine Professor erspürt in anderen Menschen sowohl das Gute wie das Böse, er reagiert auf religiöse Erfahrungen, die intuitive und kreative Begabungen erwecken.

Das »*angepaßte Kind*« entwickelt sich in Reaktion auf seine Erfahrungen und die elterlichen Eingriffe, die die Neigungen des natürlichen K beeinflussen und modifizieren. Der Prozeß der Anpassung (oder der Konditionierung) beginnt schon unmittelbar nach der Geburt. Das Kleinkind lernt, sich der von außen kommenden Autorität anzupassen, z.B. zu bestimmten Zeiten zu essen oder eine nasse Windel zu ertragen, weil es überleben will und Bestätigung braucht. Durch die Interaktion mit den Eltern und deren Umwelt entwickelt das angepaßte K in den Kindern einen Sinn für Recht und Unrecht. Andere Anpassungen im K können auch Gehorsam oder Rebellion gegenüber Gesetzen und Befehlen in sich bergen, die Entwicklung eines Gewissens und einer Ethik oder den Mangel an beidem. Manchmal reagieren Kinder auf religiöse Eindrücke, die durch Furcht, Androhung von Gewalt, Trennung und Rebellion gekennzeichnet sind, und manchmal auf religiöse Erfahrungen, die voller Liebe und Ermutigung sind.

Als Teil der Persönlichkeit, der dem Menschen gestattet, emotional, spontan zu sein und aus sich herauszugehen, Menschen und Dinge zu berühren, zu fühlen und zu erfahren, bereichert das K viele religiöse Erfahrungen, besonders solche, die innere Gefühle ausdrücken wie z.B. kirchliche Feiern (Hochzeit, Taufe, Erstkommunion), Festtage (Weihnachten, Ostern, Erntedank) und Gebetserfahrungen, die vom persönlichen, spontanen Gefühl getragen sind.

Das K äußert Entzücken, Begeisterung, Charme und spontane positive Gefühle; es ist aber ebenso imstande, die gesamte Persönlichkeit zu beherrschen, indem es äußerst aggressiv ist, sich durchsetzt (eigensinnig, rachsüchtig und nie zufriedengestellt) oder auch sich regressiv und unterwürfig (farblos, zurückgezogen, mürrisch) gibt.

Menschen können lernen, nicht dem K zu verfallen, ohne damit ihre Begeisterungsfähigkeit zu verlieren; oder wenn sie ihm verfallen sind, können sie lernen, sich aus einer solchen Verstrickung zu befreien. Dieser Befreiungsprozeß erfordert, daß der Mensch die Reaktionen des K wahrnimmt, die seine Persönlichkeit zu beherrschen trachten. Man kann z.B. lernen, impulsive Reaktionen zu bremsen, indem man bis Zehn zählt; das gibt dem ER die Möglichkeit, die K-Reaktion auszuwerten und, wenn nötig, zu modifizieren.

Nehmen Sie sich einige Augenblicke Zeit

Setzen Sie sich irgendwo bequem hin, wo es still ist. Denken Sie an Ihre Kindheit zurück. Sehen Sie sich als kleinen Jungen oder als kleines Mädchen in einer Situation, in der Sie sich etwas sehr stark gewünscht haben.

Fragen Sie sich dann; welcher Teil oder welche Teile meines Kindheits-Ichs waren daran am stärksten beteiligt? War es mein natürliches K, das einfach etwas haben will, wenn es eben dies haben will und sich dies auch aggressiv verschafft? Oder war es mein Kleiner Professor, der per Intuition, Manipulation und Kreativität das bekommt, was er sich wünscht? Oder war es mein angepaßtes K, das gelernt hat, bestimmte Dinge zu tun und zu sagen, um sein Ziel zu erreichen?

Das Erwachsenen-Ich

Die TA-Theorie meint mit Erwachsenen-Ich (ER) etwas ganz anderes als das Erwachsensein, denn bereits kleine Kinder besitzen ein ER. Dieses ist durch Handlungen charakterisiert, die auf rationalem Denken beruhen. Immer, wenn Menschen vernünftig handeln, sagen wir, sie handeln aus ihrem ER heraus.

Das ER findet den Zugang zum Leben über das Denken: schritt- und stückweise analysiert es Tatsachen, Informationen und Erfahrungen, ähnlich wie ein Daten verarbeitender Computer. Eben wie ein Computer wirkt das ER für die Persönlichkeit: es findet Tatsachen, testet die Realität, sieht Möglichkeiten und Alternativen und trifft seine Entscheidungen. Immer, wenn Menschen sich erinnern, Fragen stellen, klassifizieren, klären, inspizieren, interpretieren, werten, planen, verwirklichen oder wählen, sagen wir, ihr ER habe die Befehlsgewalt.

Das ER kann vom EL und vom K unterschieden werden. Während das EL automatisch reagiert und überkommene Vorschriften und Regeln durchsetzt, ist das ER der Teil der Persönlichkeit, dessen Reaktionen rational bestimmt und wohlüberlegt sind und die Fähigkeit ausweisen, sich für ein eigenständiges, vernünftiges Handeln zu entscheiden. Andrerseits: Während das K oft weint und Hilfe braucht, um aus einer schwierigen Situation herauszukommen, wird das ER die Situation erkunden und sich Lösungen überlegen.

Im allgemeinen: während das El sich mit Vorschriften befaßt und das K sich auf Gefühle und Verhalten konzentriert, die Reaktionen auf diese Regeln sind, geht das ER mit Fakten und Entscheidungen um.

ER-Verhalten läßt sich also daran erkennen, daß es auf Informationen und Fakten aus ist. ER fragt häufig: Wer? Was? Warum? Wo? Wann? Wieviel? Es fragt aber nicht so, wie es das EL tut, um abzuurteilen, oder wie das K, um Groll in sich aufzustauen, sondern um die Dinge für sich und für die anderen zu klären.

Eine wichtige Funktion des ER besteht darin, Ausdrucksmöglichkeiten der Persönlichkeit zu koordinieren. Die Koordination besteht darin: Überprüfen der vom EL gegebenen Daten, ob sie immer noch zutreffend sind (»Sehe ich in einem grünen Kleid wirklich unmöglich aus? Jemand hat das vor zehn Jahren behauptet«); Abwägen der Reaktionen des K, ob sie der Situation angemessen sind (»Es ist ganz in Ordnung, wenn ich jetzt weine, die Leute werden das schon verstehen«). Menschen fühlen sich sicher und ok, wenn die meisten ihrer EL-Daten zuverlässig sind und der Überprüfung standhalten (»Ich kann mich auf mein EL verlassen«), und sie können ihre K-Reaktionen zulassen, weil sie wissen, daß sie der Situation entsprechen (»Ich kann mich auf mein K verlassen«).

In dem Maße wie Menschen lernen, ihre drei Persönlichkeitsanteile vom ER koordinieren zu lassen, wird ihnen klar, daß das ER spontane Reaktionen des K und des EL gewähren lassen kann, ohne die Kontrolle zu verlieren.

Je vollständiger Menschen mit den Aufzeichnungen ihres K und EL in Kontakt sind, desto leichter können sie K- und EL-Reaktionen von denen des ER unterscheiden. Je sensibler ein Mensch gegenüber seinem EL und dem K ist, desto stärker und autonomer werden seine ER-Reaktionen.

Nehmen Sie sich einige Augenblicke Zeit

Erinnern Sie sich an die letzte Woche. An eine Entscheidung, die Sie da getroffen haben.
War es eine Entscheidung, die Ihre Eltern gutgeheißen hätten (EL)? Trafen Sie die Entscheidung aufgrund von Gefühlen (K)? Oder sammelten Sie Fakten und dachten über sie nach, um dann erst zu entscheiden (ER)?

Die Integration der Persönlichkeit

Menschen, die der TA noch fern stehen, könnten zu dem Schluß verleitet werden: »EL- und K-Reaktionen sind schlecht und unproduktiv, ich möchte immer von meinem ER her reagieren.« Dies wäre eine Verzerrung des Gemeinten. Menschen, die stets vernünftig sind (konstantes ER), und zwar so, daß sie keinerlei Emotionen zeigen (blockiertes K), stellen keine anziehende bzw. ausgewogene Persönlichkeit dar. Wünschenswert ist eine glückliche Mischung von EL, ER und K, wobei das ER am Steuer sitzt.

Gut ausbalancierte Persönlichkeiten, die leitende Positionen innehaben, scheinen durch drei wesentliche Qualitäten gekennzeichnet zu sein, die ihre Effektivität ausmachen. Sie zeigen *Gerechtigkeitssinn* (eine Qualität des EL), sie haben *Sinn für Spaß und Humor* (eine Qualität des K) und sie bemühen sich um *Kompetenz* (eine Qualität des ER)[2]. Eine erfolgreiche Organisation – z. B. eine Familie, Kirchengemeinde, Geschäftsbetrieb – wird gewöhnlich ebenfalls diese drei Charakteristika aufweisen.

Gesunde Menschen verschmelzen alle drei Ichzustände zu einer harmonischen, einmaligen Form, so daß sie nicht zu emotional sind (kein konstantes K) oder zu urteilsbereit (kein konstantes EL) oder nur farblos und computerhaft (kein konstantes ER). Die ausgewogene und reife Persönlichkeit – Erich Fromm nennt sie die voll entwickelte Person und Abraham Maslow spricht von der sich selbst verwirklichenden Person – kann feinfühlig, kreativ und liebevoll sein (freies K), tatkräftig, beschützend – fürsorglich (nährendes EL) und gleichzeitig vernünftig, überlegt und beherrscht (ER).

Berne sagt, daß Menschen, die im Prozeß der persönlichen Integration stehen, lernen, die Verantwortung zu übernehmen für alles, was sie fühlen, denken und glauben. Dabei werden drei Tendenzen sichtbar: *persönliche Anziehungskraft und Reaktionsbereitschaft* (Integration des K), *ethisches Verantwortungsgefühl* (Integration des EL) und *objektive Datenverarbeitung* (primäre ER-Funktion).

Unter der Kontrolle des ER können so Äußerungen von

K-Gefühlen und EL-Regeln ursprüngliche, wohl-integrierte, persönliche Reaktionen auf aktuelle Situationen sein. Zornesausbrüche können z.B. Zeichen eines rebellischen K sein; legitime Abscheu oder Zorn dagegen, die auf ER-Beobachtung von offenkundigen Ungerechtigkeiten beruhen, deuten für gewöhnlich auf ein verantwortliches und wohl-integriertes Verhalten.

In gleicher Weise kann das Beharren auf willkürlichen und sinnlosen Befehlen ein strafendes EL signalisieren, dagegen kennzeichnen ethisch motivierte Handlungen, die sich aufgrund der Prüfung durch das ER gebildet haben, eine wohl-integrierte Persönlichkeit. Die neuen Gebote Jesu in seiner Bergpredigt sind ein Beispiel für solche authentischen ethischen Prinzipien.

Transaktionsanalyse und ein Wort vom Herrn

Sie wundern sich vielleicht über unsere Begeisterung für TA. Sie meinen vielleicht, wir hielten TA für *das* Wort. Nein, das tun wir bestimmt nicht. Sie ist *ein* Wort, aber nicht *das* Wort. Da jedoch ihr Vokabular zur Deutung der menschlichen Persönlichkeit hilfreich ist – wie die Menschen miteinander umgehen und was sie füreinander tun könnten –, meinen wir in der Tat, daß durch Aneignung der TA das Wort Gottes klarer gehört und das religiöse Erleben vertieft werden kann. Jemand schrieb uns: »Bevor ich Berne begegnete, ging ich zur Kirche, um ein gewisses Maß an Hoffnung und Mut zum Leben zu finden. Aber sehr oft kam ich nach Hause unzufrieden mit mir und in dem Gefühl, es gebe vielleicht wirklich keine Hoffnung für mich, weil ich nicht vollkommen war und es nicht werden konnte.

Nach der Begegnung mit Berne – welch ein Unterschied! Jetzt weiß ich, daß mein Kindheits-Ich zur Kirche ging. Die Kirche, als Elternfigur, zeigte mir, wie schlecht ich war, und erinnerte mich mehr an meine Unterlassungen und Fehler, als daß sie meine Fähigkeit zum Guten stärkte.

Mein Kindheits-Ich hatte – und hat – Angst, Ansichten zu äußern, die im Gegensatz zu dem stehen, was es für die Meinung der Kirche hält. Aber mein Erwachsenen-Ich hat einen stärkeren Sinn für Verantwortung. Es soll und darf seine Meinungen darüber äußern, was es in der gegenwärtigen Kirche als recht und falsch ansieht, und es soll mithelfen, segensreiche Wandlungen herbeizuführen.

Meine Beziehung zur Kirche ist dadurch bedeutungsvoller und ertragreicher für mich geworden. Ich bemühe mich, selbständiger über theologische Dinge nachzudenken und nicht nur eben das zu akzeptieren, was andere mir sagen. Das erfordert geistige Arbeit, aber sie ist spannend.«

Die Tatsache, daß Sie angefangen haben, dieses Buch zu lesen, zeigt, daß Sie an religiöser Erfahrung interessiert sind. Sie mögen einwenden, daß Sie von religiöser Erfahrung nichts verstehen; vielleicht zweifeln Sie sogar an der Möglichkeit, daß Menschen religiöse Erfahrungen machen können. Aber tief innen wissen Sie: es gibt so etwas. Und Sie befinden sich auf der Suche danach.

Sie haben vielleicht in der Bibel nach *dem* Wort gesucht. Sie haben vielleicht gehofft, es in der Kirche zu hören, oder gemeint, es in verhüllter Weise wie auf der Straße nach Emmaus zu finden. All das haben Sie vielleicht wohlüberlegt getan oder nur halbbewußt oder vielleicht ganz unbewußt. Aber es ist doch wohl ein Teil der menschlichen Natur, nach letzter Wahrheit zu suchen, nach Sinn und Grund unserer Existenz.

Jeder Ichzustand hat sein eigenes Recht und seine eigene Reaktionsweise. Deshalb wird jeder Ichzustand das Wort vom Herrn auf verschiedene Weise hören.

Nehmen Sie sich einige Augenblicke Zeit

Lassen Sie Ihre Gedanken zur Ruhe kommen. (Wenn Sie die um Ihre Lippen herum liegenden Muskeln entspannen und die Augenlider locker lassen, wenn Ihre Zunge auf dem Atem des Mundes »gleitet«, sind Sie nahe daran, daß Ihre Gedanken ins Gleiten kommen.) Wandern Sie durch Ihre gesammelten Erinnerungen, bis Sie zu einem Zeitabschnitt kommen, in dem Sie hoffen, das Wort Gottes zu hören, weil Sie es damals nötig hatten oder in besonderer Weise vernahmen. Vergegenwärtigen Sie sich diese Erfahrung. Sie ist in Ihnen vorhanden und kann wie von einem Tonband abgespielt werden. Sehen Sie sich wieder in dieser bestimmten Situation. Erleben Sie wieder den Schmerz oder die Freude. Denken Sie nicht darüber nach, sondern bleiben Sie ein paar Minuten einfach in dieser Erfahrung.

Danach überlegen Sie, welcher Teil Ihrer Persönlichkeit damals vor allem beteiligt war. War es Ihr Kindheits-Ich? Fühlten Sie vielleicht Entzücken, Freude, Lachen und Glück, Furcht und Schuld? War es Ihr Eltern-Ich, verhielten Sie sich vielleicht kritisch und strafend oder nährend und liebevoll oder gleichgültig und gelangweilt? War es Ihr Erwachsenen-Ich, das Informationen sammelte, die Situation analysierte und rationale Entscheidungen traf?

Welcher Ichzustand war oder welche Ichzustände waren in der erinnerten Szene auf der Suche nach religiöser Erfahrung am stärksten beteiligt?

2 WISSET IHR NICHT, DASS DER GEIST GOTTES IN EUCH WOHNT?

1. Korinther 3,16

Der Innere Kern und die Innere Kraft

Ein tieferer Einblick

Wo finden Menschen die *Kraft,* um freundlich und liebevoll zu sein? Warum lächeln manche Menschen so gern, warum sind sie eifrig und tatbereit, während andere müde sind, zu zögern scheinen und aufgeben wollen?

Wo findet man die *Vitalität,* um enge Beziehungen anzuknüpfen? Warum können manche Menschen auf Anhieb verständnisvoll und aufmerksam zuhören und mühelos Freunde gewinnen, während andere keine Freunde haben, rasch ungeduldig werden und intolerant sind?

Woher haben manche Leute den *Antrieb,* um kreativ zu sein, zu lernen, zu arbeiten? Warum können manche sich stundenlang einer Sache widmen, während andere sich offenbar nicht konzentrieren können und auf halbem Wege stehen bleiben?

Woher nehmen manche Menschen die *Stärke,* an Gott zu

glauben und das Risiko des Glaubens auf sich zu nehmen? Wie kommt es, daß manche einen starken, fast unerschütterlichen Glauben haben, während andere schwach sind und zweifeln?

Manche Menschen haben, wie es scheint, unbegrenzte Energien, um zu lieben, zu vertrauen, zu ermutigen, zu arbeiten, zu lernen und zu glauben, während andere bald außer Atem kommen. Warum haben manche offenbar alle Kraft, die sie brauchen, und anderen fehlt sie fast ganz?

Vielleicht ist es notwendig, noch tiefer in die Menschen hineinzuschauen, jenseits von Eltern-, Erwachsenen- und Kindheits-Ich, um dort die Quelle ihrer Kraft und Stärke zu finden. Liegt dort eine Energie, die die drei Ichzustände vereinigt? Liegt dort eine innere Kraft – eine Kraft innerhalb des Selbst –, die bei manchen Menschen vorhanden zu sein scheint, während sie anderen fehlt?

Der Innere Kern

Ein kürzlich entwickelter TA-Begriff ist hilfreich bei der Erklärung für das Strömen der Energie in der Persönlichkeit. Wir meinen damit den »*Inneren Kern*« oder »das spirituelle Selbst«[3].

Das spirituelle Selbst oder der Innere Kern ist nicht dasselbe wie Eric Bernes »Selbst«. Er versteht darunter im allgemeinen den Ichzustand, der jeweils in einem bestimmten Moment im Vordergrund steht. Das spirituelle Selbst oder der Innere Kern meint das, was Menschen als ihr tiefstes Selbst, als ihr wahres Ich bezeichnen und das gleichsam unabhängig von den drei Ichzuständen ist.

Während Bernes »Selbst« zwischen K-, ER- und EL-Ich hin und her wechseln kann, verstehen wir den Inneren Kern als eine *stetige persönliche Realität, die allen drei Ichzuständen zugrunde liegt.*

Von einem anderen Standpunkt aus gesehen ist der Innere Kern identisch mit mir selbst als einem, der sich selbst im täglichen Leben programmiert durch das bewußte Abspielen der EL-, ER- und K-Tonbänder. Der Innere Kern kann die Äußerungen der Ichzustände etwa so steuern, wie ein Autofahrer seinen Wagen in die von ihm gewünschte Richtung lenkt und mit der Geschwindigkeit, die er haben möchte.

Der Innere Kern ist von den Ichzuständen unabhängig. Er durchdringt sie alle drei und leitet die Lebenskraft zu ihnen hin. So wie in einer Kaffeemaschine der Dampf durch ein Rohr aufsteigt, läßt der Innere Kern die Kraft durch die Persönlichkeit strömen und formt sie. EL-, ER- und K-Ich sind die drei Stellen, an denen die Kraft des Inneren Kerns nach außen tritt.

Jeder schöne rotbackige Apfel hat seinen Ursprung in energiegeladenem Samen, umschlossen von einem zarten Kern. Der ausgewachsene Apfel empfängt seine Gestalt von diesem Kern. Wir sind von der Farbe, der Form und dem Aroma des reifen Apfels oft so fasziniert, daß wir leicht die Bedeutung seines inneren Kerns übersehen. In ähnlicher Weise sind wir so sehr mit den sich äußernden Ichzuständen des Menschen befaßt, daß wir seinen Inneren Kern vergessen.

Aus dem Inneren Kern kommt die motivierende Kraft zum Wandel der Persönlichkeit. So hat z.B. der Innere Kern Einfluß auf die Entwicklung eines völlig neuen und hilfreichen EL, auf die Erweckung und Stärkung eines natürlichen und kreativen K oder auch auf die Verwandlung eines sich absolut setzenden konstanten ER. Obwohl das ER-Ich Veränderungen entwerfen und überblicken kann, verhilft doch erst das Konzept des Inneren Kerns zum Verständnis der Tatsache, warum manche Leute die Kraft zur positiven Veränderung haben und andere nicht. Alle Ichzustände können verändert werden, wenn der Innere Kern die Entscheidung trifft, die in ihm wohnenden Kräfte einzusetzen.

Rollo May schreibt: »Potenz ist das Geburtsrecht eines jeden Menschen. Sie ist die Quelle seiner Selbstachtung und die Wurzel seiner Überzeugung, daß er in seinen Beziehungen zu anderen seine Bedeutung hat.«

Wenn der Innere Kern blockiert zu sein scheint oder nur einen entstellten Ausdruck findet, treten verschiedenartige Symptome auf wie z.B. Verzweiflung, Angst, Destruktivität, Gewalttätigkeit und viele andere. Rollo May nennt diese Krankheit »Impotenz«. Obwohl Gewalttätigkeit auf den ersten Blick als das Gegenteil von Kraftlosigkeit erscheinen könnte, ist Impotenz jedoch genau das Eigentliche dieser Krankheit. Die »Impotenz« besteht in der Überzeugung, daß ich nicht voll Mensch und in der Welt nicht akzeptiert bin. Bei dieser Einstellung ist die ursprünglich positive, hoffnungsvolle und beziehungsorientierte Äußerung des Inneren Kerns irgendwie blockiert, verzerrt bzw. zerstört. Die Folge ist, daß er gewaltsam und manchmal mit letzter Verzweiflung ausbricht. Rollo May gab der Erkrankung des Inneren Kerns den Namen Impotenz »unter voller Anerkennung, daß die Gewalttätigkeit zu ihrer Auslösung eine Aussicht braucht, eine Mischung aus Verzweiflung und Hoffnung, daß die Zustände nur durch den eigenen Schmerz oder Tod erträglicher werden können«[4].

Nehmen Sie sich einige Augenblicke Zeit

Gehen Sie in Ihrer Erinnerung in eine Zeit Ihres Lebens zurück, in der Sie sich hilflos und oder hoffnungslos und daher kraftlos gefühlt haben. Nun stellen Sie sich vor: eine Filmleinwand steht vor Ihnen, und Sie sehen jene Situation nochmals in einem Film vor Ihnen abrollen. Achten Sie darauf, was Sie tun; nehmen Sie Ihren Gesichtsausdruck und Ihre Körperhaltung wahr; horchen Sie auf Ihre Worte und den Ton Ihrer Stimme. Achten Sie auf Ihre »Impotenz«. Nun stellen Sie sich einen anderen Film vor; er zeigt, wie Sie voller Selbstvertrauen sind und kompetent handeln. Achten Sie darauf, was Sie hier tun; schauen Sie Ihren Gesichtsausdruck und die Körperhaltung an, horchen Sie auf Ihre Worte und den Ton Ihrer Stimme. Nehmen Sie auch Ihre »Potenz« wahr. Vergleichen Sie Ihren Inneren Kern in beiden Situationen.

Die Innere Kraft

Die Energie, welche vom Inneren Kern aus zu allen drei Ichzuständen geleitet wird, ist eine positive, persönliche Kraft, – Kraft zum Guten und zum Wachstum. Wir wollen sie die »Innere Kraft« nennen. Andere mögen die Quelle dieser Inneren Kraft Gott, Geist, Natur, Seinsgrund u. a. m. nennen. Der Apostel Paulus meinte diese Kraft, wenn er die Korinther fragt: »Wißt ihr nicht, daß Gottes Geist in euch wohnt?« (1 Kor 3,14). Jesus spricht von dieser Kraft unter dem Symbol des »Lebenswassers«, wenn er sagt: »Wen da dürstet, der komme zu mir und trinke! Wie die Schrift sagt, von des Leibe werden Ströme des lebendigen Wassers fließen« (Joh 7,37.38). Die Idee der Inneren Kraft durchdringt die ganze jüdisch-christliche Tradition. Die Bibel setzt die Innere Kraft oft mit dem Geist Gottes gleich. Der Prophet Micha ruft aus: »Ich bin voll Kraft und Geistes des Herrn, voll Rechts und Stärke« (Micha 3,8). »Gott hat uns nicht gegeben den Geist der Furcht«, erklärt der Apostel Paulus, »sondern der Kraft und der Liebe und der Zucht« (2 Tim 1,7). Jesus verheißt denen, die an ihn glauben, die Innere Kraft, wenn er sagt: »Ihr werdet die Kraft des Heiligen Geistes empfangen, welcher auf euch kommen wird« (Apg 1,8).
Da diese Kraft ihre Quelle in der göttlichen Kraft hat, die durch das ganze Universum pulsiert, braucht niemand zu fürchten, er könne nicht genug davon bekommen. Ein liebender Gott, der mit jedem lebenden Wesen Kontakt hält und es

von innen her mit Energie erfüllt, gießt immerfort Lebenskraft in den Inneren Kern der Menschen.

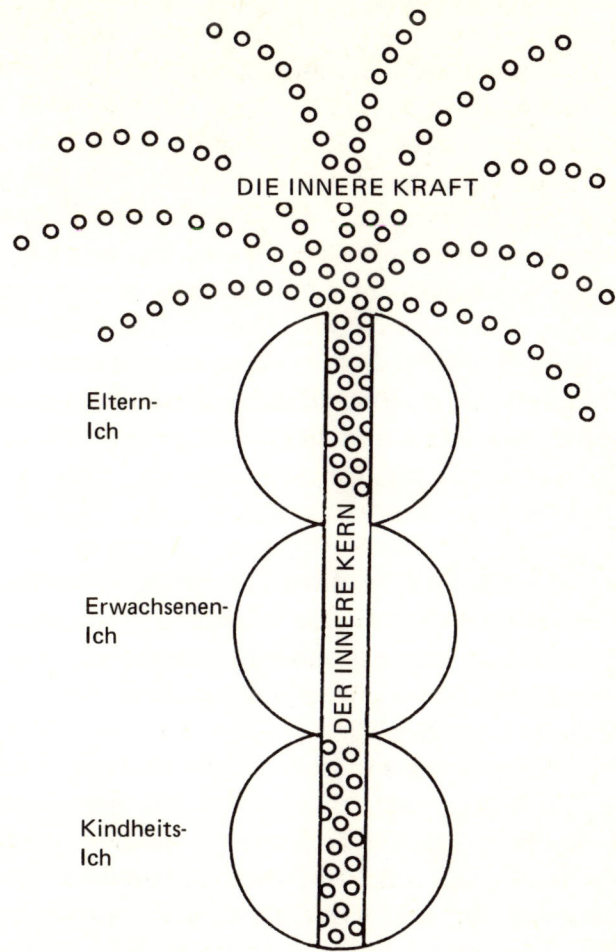

Abb. 1 Der Innere Kern

Der Innere Kern durchdringt die drei Ichzustände. Wir nennen ihn »das spirituelle Selbst«. Die Innere Kraft (durch die
aufsteigenden Punkte symbolisiert) wirkt durch den Inneren

Kern und belebt alle Schichten der Persönlichkeit. Der Innere Kern wiederum verleiht dieser Inneren Kraft Ausdruck durch die drei Ichzustände hindurch.

Die Theorie der TA besagt, daß jedermann die Fähigkeit habe, sich zu verändern in Richtung auf ein gesünderes und erfüllteres Leben. Jesus verheißt seinen Jüngern, daß sein Vater nie aufhören werde, jedem Menschen die volle von Liebe bestimmte Veränderung zuteil werden zu lassen. Wir glauben, daß die Energie oder Kraft für dieses Wachstum durch den Inneren Kern strömt und daß sie ihre letzte Quelle in der Inneren Kraft hat – in den »Strömen des lebendigen Wassers«. Der Innere Kern gibt der Inneren Kraft die Bahn frei, so daß dadurch die Persönlichkeit gestärkt und bereichert wird. Die Innere Kraft trägt auch dazu bei, erfüllte Beziehungen zu anderen Menschen und zu Gott zu schaffen.

Beziehungen schaffen

Die Theorie der TA lehrt, daß wir alle die Fähigkeit haben, uns mit anderen Menschen in eine liebe- und vertrauensvolle Beziehung zu setzen. Diese positive Beziehung ist Ausdruck der fundamentalen Lebenseinstellung gegenüber dem anderen: »Ich bin ok, Du bist ok.«

Viele Menschen sind jedoch in zerstörerische Transaktionen dieser oder jener Art verstrickt, wie sie z.B. Eric Berne in seinem Buch »Spiele der Erwachsenen« beschrieben hat[5].

Wo finden Leute, die sich in solchen destruktiven Spielen verfangen haben, Mut und Kraft, damit aufzuhören und gesunde, liebevolle Beziehungen aufzubauen? Was befähigt Menschen, solche Beziehungen anzufangen und weiterzuentwickeln, wie sie Martin Buber als »Ich-Du-Beziehungen« gedeutet hat?

In einer solchen Beziehung sind wir aufgefordert, uns selbst zu geben. Was motiviert Menschen, von ihrem innersten

42

Selbst etwas herzugeben, die eigene Identität auszudehnen, ohne sie zu verlieren, nur um eine Beziehung herzustellen? Woher kommen Wunsch und Vertrauen, anderen Menschen auf der Ich-Du-Ebene zu begegnen?

Auch hier, so meinen wir, ist die Quelle der Motivation und der Energie zu echter Beziehung die göttliche Kraft, welche durch den Inneren Kern wirkt. Eric Butterworth beschreibt sie als »das Göttliche in uns«.

»In allen menschlichen Beziehungen sollten wir von der Grundannahme ausgehen, daß den Menschen Güte, Schönheit und Liebesfähigkeit eingeboren ist. Vielleicht fällt es schwer, das zu sehen, denn sie mögen dieses nicht in sich selber sehen.

Aber Menschen sind über ihr Erscheinungsbild hinaus doch echt. Mit einiger Übung werden Sie imstande sein, durch die Menschen hindurchzublicken, statt sie bloß anzusehen. Dann werden Sie das Göttliche in ihnen ehren und die Liebe als die eine große Realität feiern, in der Sie beide ›leben, weben und sind‹.«[6]

Die Innere Kraft eines jeden Menschen hat letztlich denselben Ursprung in Gott. Und da wir die Innere Kraft gemeinsam haben, sind wir im tiefsten Grunde miteinander in Verbindung und spüren eine Einheit, eine Gemeinschaft, getragen von Liebe und Vertrauen.

Wie die Zweige eines Weinstocks miteinander verbunden sind, so auch die Menschen, die die Innere Kraft miteinander teilen. Als die Quelle von Leben und Energie sendet der Weinstock sein Leben in alle Zweige. Die, die sich der Inneren Kraft öffnen, gehören letztlich im Leben und in der Liebe zusammen. Die Möglichkeit, sich für dieses Offensein zu entscheiden, liegt im Inneren Kern eines jeden Menschen.

Die Kraft und die Gabe, mit Menschen und mit Gott solche Ich-Du-Beziehung herzustellen, ist in jedem Menschen latent angelegt. Jesus sagt: »Ich bin in meinem Vater und ihr in mir und ich in euch« (Joh 14,20). Die Innere Kraft gibt Menschen die Stärke, zu lieben.

Im Inneren Kern erfolgt die Fleischwerdung der göttlichen Kraft. Viele Menschen sind jedoch nicht bereit, sie zu entdekken, ja, sie fürchten sich beinahe vor ihr. Sie ahnen, daß sie, wenn sie mit der Liebeskraft in ihrem tiefsten Selbst in Fühlung kämen, auch danach leben müßten. Und zweifellos verlangt die Innere Kraft nach solcher Konsequenz.

Die Entdeckung jener Kraft ist – wie die Entdeckung des Geheimnisses des Lebens – eine innere Erfahrung, eine Bekehrung, nicht nur die Aufnahme einer neuen Information. Diese Entdeckung kann sich gerade dann ereignen, wenn ein Mensch ganz mutlos ist, und sie geschieht oft auf ganz unvorhergesehene Weise.

Manche mögen viele Bücher gelesen, viele Predigten gehört, viele Kenntnisse in Wissenschaft und Kunst angehäuft haben in der Hoffnung, irgendeine wesentliche Idee oder einen Gedanken zu finden, der durchschlagend ist und sie verändern könnte. Aber oft ist es gerade ein unscheinbares Ereignis, das sie berührt, ein Wort, eine Begegnung, ein Todesfall, eine Genesung, ein Blick oder ein Naturgeschehen. Gott benutzt solche Erfahrungen, um Menschen zu erreichen – was es auch sein mag, das den Inneren Kern mit der Inneren Kraft in Berührung bringt.

Das verschlossene und das offene Selbst

Cynthia ist oft ein belebendes Element auf Partys; als Mutter ist sie »ganz groß«; aber sie wäre sicher nicht die Geeignetste für einen Forschungsauftrag in der Universitätsbibliothek. In der Sprache der TA gesprochen: Cynthias gesellige Qualitäten weisen darauf hin, daß ein offener Strom von Energie von ihrem Inneren Kern zu ihrem freien K-Ich fließt. Cynthias mütterliche Fähigkeiten lassen auf das freie Strömen der

Energie vom Inneren Kern zum nährenden EL-Ich schließen, während ihre Unfähigkeit, Fakten zu erforschen, in der teilweise blockierten Verbindung zwischen dem Inneren Kern und dem ER-Ich begründet ist.

Fred wiederum handelt gewöhnlich sehr pflichtbewußt (starkes ER-Ich), zeigt aber sehr wenig Liebe und Wärme anderen gegenüber (verschlossenes K-Ich). Menschen wie Fred können keine Intimität erleben, weil es ihnen unmöglich ist, ihre tieferen Gefühle anderen Menschen mitzuteilen.

Im Verhältnis zu den drei Ichzuständen kann der Innere Kern (1) *offen,* (2) *geschlossen* oder einfach (3) *ohne Kontakt* sein.

Wenn die Energie vom Inneren Kern frei zum einen oder zum anderen Ichzustand strömt, können wir die Kanäle als »offen« beschreiben. Ein offener Mensch ist durch vertrauende und liebevolle Annahme der Mitmenschen charakterisiert.

Wenn der Innere Kern zum EL-Ich hin offen ist, wird die Zuwendung dieser Menschen positive, fürsorgliche und nährende Qualitäten haben, wie sie sich bei guten Eltern finden.

Ist der Innere Kern zum ER-Ich hin offen, so wird der Mensch lernen, auf der Basis von Tatsachen Entscheidungen zu treffen, dabei aber auch die Gefühle und das Wohlergehen anderer Menschen berücksichtigen. Entscheidungen, die gewöhnlich von der Umgebung her beeinflußt sind, werden in dem Sinne getroffen, daß die gesamte Umwelt eher erhalten als ausgebeutet wird. Die Innere Kraft hilft dem ER-Ich, die Verantwortung für die von ihm getroffenen Entscheidungen zu tragen.

Der Einfluß des zum K-Ich offenen Inneren Kerns drückt sich gegenüber anderen häufig in anziehenden, kindlichen Qualitäten aus: Zuneigung zeigen, Wärme, Neugier, Spielfreudigkeit. Liebevolle Gefühle durchdringen solche Beziehungen. Manche Leute entdecken, daß sie Gefühle und Regungen von anderen, die im selben Raum anwesend sind, wie mit einem Radarschirm auffangen können. Das ist ein Talent des intuitiven Kleinen Professors; Leute, die mit ihrem neugierigen und intuitiven K-Ich in Fühlung stehen, können z.B. sagen: »Ich habe den Eindruck, daß du traurig (glücklich, ängstlich) bist. Stimmt das?«

Wenn der Energie-Strom vom Inneren Kern zum einen oder zum anderen Ichzustand blockiert ist, können wir die Kanäle als *geschlossen* bezeichnen. Menschen, für die dies zutrifft, sind bezeichnenderweise auch im Kontakt mit anderen blokkiert. Sie wirken kühl, ängstlich, frustriert, sie handeln oft in Isolation statt in Relation (zu den Menschen oder zu Gott). Die Energie bleibt eingeschlossen, ohne Ausdruck. Die Innere Kraft ist wie die Gesundheit: wir nehmen sie so lange kaum wahr, bis wir merken, daß sie uns fehlt.

Manche Leute sind nur im Bereich *eines* Ichzustandes geschlossen, dagegen offen in den beiden anderen Bereichen. Z.B. kann die Innere Kraft zwar das K-Ich durchdringen, nicht aber das EL-Ich. So kann jemand zeitweise in seinen Beziehungen zugewandt sein (starkes K-Ich), er ist aber nicht gewillt, seinem Verhalten vernünftige Grenzen zu setzen (schwaches ER-Ich); oder jemand ist neugierig (starkes K-Ich), aber ohne Verantwortungsgefühl (schwaches ER-Ich); eine andere Variante: er ist warm und spielfreudig (starkes K-Ich), aber blind für Kummer, Mutlosigkeit oder ein besonderes Bedürfnis des Nebenmenschen (schwaches EL-Ich).

Manchmal strömt die Energie vom Inneren Kern zum EL-Ich, nicht aber in das K-Ich. In dieser Situation befinden sich Menschen, die zwar die Bedürfnisse anderer sehen und erfüllen (starkes EL-Ich), aber sie tun es ohne Wärme (schwaches K-Ich); oder es sind zuverlässige und fürsorgliche Leute (starkes EL-Ich), die aber selten Gefühl und Zuneigung zeigen (schwaches K-Ich); oder solche, die die Tradition bewahren (starkes EL-Ich), sich aber nicht daran freuen (schwaches K-Ich), z. B. bereiten sie das alljährliche Betriebsfest vor, können es dann selbst aber nicht genießen.

In anderen Fällen durchdringt die Energie das ER-Ich, ist aber vom EL-Ich und vom K-Ich abgeschnitten. Hier finden wir dann Menschen, die rationale Entscheidungen treffen und auch zur Ausführung bringen (starkes ER-Ich), aber kein Gefühl für die Bedürfnisse und Gefühle ihrer Arbeitnehmer haben (schwaches EL-Ich) und andere, die immer nur vernünftig und rational sind (starkes ER-Ich), aber keine Neugier und keine Begeisterung aufbringen (schwaches K-Ich), wodurch ihr Leben doch erst erfreulich würde.

Im Idealfall sind die Kanäle vom Inneren Kern zu allen drei Ichzuständen offen, so daß die Äußerungen des Selbst nährend und fürsorglich sind (EL), gleichzeitig warm, zugewandt und neugierig (K) und dazu verantwortlich, vernünftig, mit der Bereitschaft zu persönlichen Entscheidungen zum Wohle vieler anderer (ER).

Neben Menschen, die ihren Inneren Kern offen bzw. verschlossen halten, gibt es auch solche, die einfach nicht in Fühlung mit ihm und seinem Kraftstrom stehen. Die Innere Kraft ist zwar vorhanden, wird aber nicht wahrgenommen. Daher machen diese Leute von ihr keinen Gebrauch und rechnen nicht mit ihr. Sie gleichen darin reichen alten Männern, die sich lieber für arm halten, als daß sie ihre Schatzkammern öffnen und die darin verwahrten Reichtümer wahrnehmen.

Es gibt Menschen, die z.B. behaupten, sie besäßen kein K-Ich. Die Theorie der TA würde hierzu sagen, daß jeder Mensch ein K-Ich hat, aber daß in diesem Falle das K-Ich entweder abgetrennt und unbenutzt oder in Vergessenheit geraten ist.

Die Kanäle vom Inneren Kern zu den Ichzuständen müssen aktiviert werden, andernfalls schließen sie sich ab und werden schwach. Man kann lernen, den Inneren Kern durch die Innere Kraft zu beleben und den drei Ichzuständen Energie zuzuführen.

Eric Berne stellt dazu folgende Analogie auf: »Wenn in einem Hause kein Radio zu hören ist, so heißt das noch nicht, daß keines vorhanden ist. Der Besitzer des Hauses hat womöglich ein gutes Radio, aber es muß erst angestellt werden, bevor man es klar hören kann.«[7]

Um zu lernen, wie man mit sich selbst in Fühlung kommt, fängt man am besten beim K-Ich an. Eine gute Vorübung dazu ist, sich entspannen zu lernen. Freuen Sie sich einfach am Gefühl, in Ruhe zu sein. Lassen Sie *die Freude* an glücklichen und befriedigenden Erlebnissen – z.B. an diesem Gefühl, entspannt zu sein – zu einer Gewohnheit werden. Erlebnisse, an denen ich mich freue, brauchen nicht besonders oder ungewöhnlich zu sein – es können einfache, kleine Dinge sein: die Fähigkeit zu atmen, ein freundliches Lächeln, ein Glas Wasser, ein Sonnenstrahl und dergleichen mehr. Üben Sie sich in der Freude an solchen Ereignissen, und schon bald wird sich der Kanal vom Inneren Kern zum K-Ich öffnen für den Strom der Inneren Kraft.

Die Beziehung zwischen Sünde und Innerer Kraft

Die Theorie der TA sagt, daß die Menschen in ihrem tiefsten Selbst ok sind, und sie stimmt darin mit dem Satz aus dem biblischen Schöpfungsbericht überein: »Und Gott sah, daß es sehr gut war« (Gen 1,31). Wenn wir mit unserem Inneren Kern in einem lebendigen Kontakt stehen, werden wir dieses fundamentale ok-Sein entdecken. Theologisch gesehen ist dies ein erster Schritt religiösen Wachstums, der es den Glaubenden ermöglicht, die Überzeugung abzulegen, sie seien unverbesserlich sündhaft und für immer zum nicht-ok-Sein verdammt.

Eine Sünde geschieht dann, wenn unser Innerer Kern absichtlich und selbstbezogen versucht, den Strom von Dingen und Geschehnissen auf dem Weg zu Gott aufzuhalten, d.h. wenn der Innere Kern bewußt den natürlichen Zustrom der Inneren Kraft blockiert. Selbstbezogenheit ist destruktiv für mich selbst und die anderen. Aber sogar die Sünde ist nicht imstande, das Wirken der Inneren Kraft für immer zu durchkreuzen.

Der Theologe Alan Richardson schreibt: »Jedesmal, wenn wir die ›Ursprüngliche Sünde‹ (›Ursünde‹) erwähnen, sollten wir auch das ›Ursprüngliche Recht-Sein‹ erwähnen.«[8] Mit anderen Worten: obwohl wir alle dazu neigen, uns selbst an Gottes Stelle in den Mittelpunkt des Universums zu setzen (Ursünde), gibt es noch eine ebenso fundamentale Seite der menschlichen Natur, in der die Spuren des Gottesbildes und der göttlichen Kraft in uns erhalten sind (das ursprüngliche Recht-Sein). Z.B. wir *erkennen* unsere Selbstbezogenheit und sehen ein, daß sie eine inadäquate Antwort auf das Leben ist; wir wissen auch, daß unsere tiefsten Bedürfnisse auf die Gemeinschaft gerichtet sind, auf Versöhnung, auf enge menschliche Beziehungen und auf unser Verhältnis zu Gott.

In gewissem Sinne handelt dies Buch vom ursprünglichen Recht-Sein, nämlich: wie dieses in der Inneren Kraft wiedererkannt werden kann, die den Inneren Kern wandelt und sich selbst in der Persönlichkeit durch die drei Ichzustände ausdrückt.

Eine fundamentale Voraussetzung ist, daß unter all dem selbstbezogenen Hochmut und der Sündhaftigkeit, unter all dem psychischen Schutt, der sich in ganzen Lagen von Haß, Mißgunst, Ärger, Angst, Ressentiments, Neid, Lust usw. angehäuft hat, »am Grunde der Quelle« ein Kern von Gut-Sein ruht.

»Es ist tragisch, beim Anruf des Lebens sich halbtot zu fühlen.

Herzzerbrechend ist es, die eigene Geburt zu beklagen. Beim Sonnenaufgang oder -untergang verzweifelt oder hoffnungslos zu sein, ist eine Verschwendung der Liebe, die ›von Anfang an‹ da war.«[9]

Religiöse Erfahrung

Religiöse Erfahrung läßt sich psychologisch als Wahrnehmung der Inneren Kraft bezeichnen, welche den Inneren Kern durchdringt, durch die drei Ichzustände strömt und sich in einer Beziehung zu Gott ausdrückt. Die Theorie der TA bietet eine Möglichkeit, das Wachstum einer solchen Beziehung zu beobachten. Wenn z.B. die Innere Kraft durch das K-Ich strömt, wird die Beziehung zu Gott warm, herzlich und vertrauend sein. Wenn sie durch das EL-Ich strömt, wird die Beziehung wahrscheinlich die Fürsorge für andere betonen und die Befriedigung ihrer Bedürfnisse im Auge haben. Fließt die Innere Kraft durch das ER-Ich, so wird die Beziehung gewöhnlich durch reflektierendes Denken bestimmt sein über: Weisheit, Wahrheit, verantwortliche Entscheidungen usw.

Die Beziehung zu Gott kann aber auch eine negative Wendung nehmen. Auch in diesem Falle schlägt die Theorie der TA die Möglichkeit vor, das Problem psychologisch zu diagnostizieren.

Wenn z.B. die Innere Kraft vom EL-Ich abgeschnitten ist, werden gewisse destruktive Züge im Verhalten auftauchen, z.B. Intoleranz, Herablassung, Dominanz, Verschlingen, übertriebene Fürsorge, Vorurteile, die andern als Unmündige behandeln usw.

Ist die Innere Kraft vom K-Ich abgeschnitten, so werden sich destruktive Verhaltensweisen in Einsamkeits- und Schuldgefühlen zeigen, in Ängstlichkeit und Furcht, in extremer Trägheit, in Ablehnung anderer, übertriebener Aggression, im

Drang nach Vollkommenheit, in ungezügeltem Lustverlangen, Gewalttätigkeit und dergleichen mehr.

Destruktive Züge des ER-Ichs zeigen sich in Angriffen (mit der Absicht zu verletzen), in der Ablehnung neuer Ideen, im Herabsetzen und Kleinmachen anderer, in einer Haltung der Überlegenheit, in selektiver Datenerhebung (Entstellung der Tatsachen), in egoistischen Entscheidungen und in einer Unfähigkeit oder Weigerung, Entscheidungen zu treffen.

Es gibt Symptome, die darauf hinweisen, daß jemand nicht in Fühlung mit der Inneren Kraft steht. Er hat kein inneres Bedürfnis nach religiösem Erleben: die Innere Kraft ist nicht anwesend. Vielleicht ist in solchen Menschen der Wunsch nach Verbindung mit Gott niemals deutlich geworden, vielleicht wurde er nicht gepflegt. Andere meinen vielleicht, die Religion ihrer Kinderzeit genüge, und da sie keinem äußeren Druck unterworfen sind, behalten sie im wesentlichen kindhafte Formen religiösen Erlebens bei, die keine reife Begegnung mit der Inneren Kraft ermöglichen.

Nehmen Sie sich einige Augenblicke Zeit

Machen Sie sich's irgendwo in der Stille bequem. Werden Sie ganz ruhig. Lassen Sie Ihren Körper in den Stuhl oder – wenn Sie liegen – ins Bett, in den Teppich, ins Gras hineinsinken. Stellen Sie sich vor, es gebe einen Kern – wie in einer Frucht –, von dem her ein Wärmestrom Sie vom Kopf bis zu den Füßen durchströmt und Sie mit Freude erfüllt. Geben Sie sich diesem Gefühl ganz hin, lassen Sie die Wärme bis in die Fingerspitzen hinein pulsieren. Stellen Sie sich vor, die Fingerspitzen seien offen, so daß alle Spannung und Angst, alle Frustration und das Gefühl, unglücklich und bekümmert zu sein, abfließen kann. Lassen Sie all dieses Bedrängende wirklich los – die in Ihnen pulsierende Wärme und starke Freude drängen es hinaus. Wenn Sie fühlen, daß die unerquicklichen Gefühle abge-

flossen sind, stellen Sie sich vor, daß die Öffnungen an den Fingerspitzen sich schließen, aber achten Sie weiterhin auf das Pulsieren in den Fingern. Erleben Sie nun die neue Lebensfülle, die Ruhe, die erneuerte Innere Kraft.

Die äußeren Kräfte

Wenn Menschen scheinbar unfähig sind, offen und mit Vertrauen Beziehungen aufzunehmen, so kann das ein Zeichen dafür sein, daß die Innere Kraft nicht frei in ihnen strömt. Es kann auch sein, daß dieser Mensch von außen her negativ beeinflußt wird. Wir sind ja Glieder einer endlosen, sich verzweigenden Kette von Reaktionen und Ereignissen.

Wir alle sind schon Leuten begegnet, die eine Atmosphäre des Verfalls um sich haben, deren glatte Sprache und Verhaltensweisen durch eine Ausstrahlung von Brutalität oder Verzweiflung Lügen gestraft werden. Viele Menschen, die solchen negativen Einflüssen gegenüber verletzbar sind, werden lernen müssen, wie sie sich dagegen abschirmen können.

Vielleicht weniger bösartig, aber genau so wirksam übertragen Durchschnittsmenschen ihre negativen Reaktionen auf andere, die ahnungslos in ihren Dunstkreis geraten; diese leiten das Aufgenommene ihrerseits weiter, und so geht es dann fort.

Andrerseits sind wir schon mit Leuten in Berührung gekommen, die eine warme und vertrauensvolle Atmosphäre verbreiten, deren Worte und Taten den anderen das Gefühl geben, frei und gut zu sein und sich am Leben freuen zu können.

Die Kräfte, durch welche Außenstehende beeinflußt werden, können gutartig oder bösartig sein. Manche Glaubende nennen die schlimmen Kräfte Teufel, böse Geister, verdorbene Menschen usw., und die guten Kräfte sehen sie in guten Menschen wirksam, in Engeln und Heiligen.

So wie man lernen kann, schlimme Einflüsse zu erkennen und zu meiden, so kann man lernen, positive Einflüsse zu sehen und sich ihrer Gegenwart zu öffnen.

Ein Mensch, der nicht in Fühlung mit der Inneren Kraft steht, wird solchen zerstörerischen äußeren Einflüssen gegenüber viel zugänglicher sein. Laura Huxley schreibt: »Das Verhalten des sorgenvollen, aufgeregten oder unglücklichen Menschen hat auf die, die um ihn sind, oft eine verderblichere Wirkung als eine ansteckende Krankheit. Die meisten Infektionskrankheiten wie Masern oder Grippe gehen von selber vorüber und sind nach zwei oder drei Wochen vorbei. Dagegen kann eine Neurose, durch schlimmes Erleben verursacht, nicht nur lebenslang bestehen bleiben, sondern auch eine starke und untergründige Kettenreaktion auslösen, die immer weiter wirkt und äußerst schwer aufzuhalten ist.«[10]

Die Ichzustände solcher Menschen sind außerstande, die Innere Kraft zu mobilisieren und reagieren daher hilflos und bedenkenlos auf äußere Einflüsse. Wie Bäume, die sich vom Wind in jede Richtung beugen lassen, werden Menschen, die nicht in Fühlung mit der Inneren Kraft stehen, einen glücklichen und liebevollen Eindruck machen, wenn die von außen auf sie einwirkenden Einflüsse gut und liebevoll sind, dagegen werden sie ängstlich und mißtrauisch sein, wenn sich von außen Furcht und Mißtrauen auf sie legt usw. In jedem Falle werden die persönlichen Reaktionen momentan und oberflächlich sein, denn sie kommen nicht aus dem Inneren Kern, sondern sind von außen bewirkt.

In den folgenden Kapiteln dieses Buches werden die Konzepte der TA dazu benutzt, neue Wege zu zeigen, auf denen Menschen ihre religiösen Erfahrungen besser verstehen und vertiefen können, wie z.B. Gebet, Gemeinschaft, soziale Aktionen, Gottesdienstbesuch, Bibellesen, Ausformung ethischer Normen, mit Gott in Verbindung kommen.

Diejenigen, die gerade jetzt nicht in Kontakt mit der Inneren

Kraft sind, könnten lernen, den Kontakt zu finden und die Kanäle zu ihrem Inneren Kern zu öffnen. Diejenigen, die es schon wissen, daß Gottes Geist in ihnen wohnt, und die echte religiöse Erfahrungen haben, können Wege finden, diese Erfahrungen zu erweitern und sie anderen mitzuteilen. Vielleicht wird schließlich jeder, der sich mit TA vertraut gemacht hat, den einen oder anderen psychologischen Weg selbst entdecken, seine eigene religiöse Erfahrung zu klären.

Die Innere Kraft – die positive, schöpferische, liebende, um sich greifende göttliche Kraft, die in jedem Inneren Kern wirksam ist – bestätigt in jedem Menschen die fundamentale Botschaft, die der ganzen Theorie der TA zugrunde liegt; die Botschaft, die uns instand setzt, uns und andere ernst und wichtig zu nehmen und als »der Mühe wert« zu achten, weil Gott sagt: »Du bist ok.«

Nehmen Sie sich einige Augenblicke Zeit

Stellen Sie sich vor, Sie seien von einem undurchdringlichen, aber durchsichtigen Wall umgeben, innerhalb dessen genug Platz ist, so daß Sie sich frei bewegen können. Sehen Sie sich den Schutzwall an und stellen Sie sich vor, daß außerhalb Kräfte der Lieblosigkeit und der Zerstörung sind, die hereinwollen. Schauen Sie sie durch den Wall hindurch an, horchen Sie hinaus. Machen Sie sich klar, daß sie Ihren Schutzwall nicht durchbrechen können, Sie sind hier in Sicherheit. Wenn Sie wahrnehmen, wie sicher Sie wirklich sind, dann stellen Sie sich vor, daß Sie sich hinsetzen und von der Inneren Kraft neu durchströmen lassen. Wenn auch nichts von außen hereindringen kann, so könnten Sie doch versuchen, Ihre Kraft hinaus zu senden. Lassen Sie Ihre Kraft einen guten Einfluß auf die negativen Einflüsse außerhalb des Schutzwalles nehmen. Die Kraft am Grunde der Quelle ist imstande, die destruktiven Kräfte in gute zu verwandeln.

3 WIE SOLLEN SIE AN DEN GLAUBEN, VON DEM SIE NICHTS GEHÖRT HABEN?

Römer 10,14

EL-, ER- und K-Glaubende

In der vorderen Reihe

Am Sonntag sitzt Familie Schmidt in der vorderen Kirchenbank und hört zu, wie Pfarrer Lang seine Gemeindeglieder darüber belehrt, wie sie leben sollten. Seine Predigt quillt über von Begriffen wie Versöhnung, Rechtfertigung, Erlösung und Heiligung.

Der kleine Hansi Schmidt, durch dieses Wort verwirrt, blickt seinen Vater an und sieht, wie er zu jeder Feststellung des Predigers eifrig Beifall nickt.

Neben ihm sitzt Frau Schmidt; sie lächelt, wenn Pfarrer Lang etwas sagt, was ihr gefällt, aber ihre Miene verfinstert sich, wenn ihre Gefühle nicht mit seiner Meinung übereinstimmen.

Hansi fragt sich: »Wie soll ich da wissen, was wahr ist? Soll ich Vater fragen? Oder Mutter? Warum sagt Pfarrer Lang all diese Worte, die man nicht versteht? Was haben sie mit Gott zu tun? Wie kann man glauben, was man nicht gesehen oder gehört hat?«

Die Ichzustände eines Menschen können auf religiöse Erfahrungen und Glaubenssätze verschieden reagieren: in Übereinstimmung miteinander oder im Konflikt gegeneinander. So fragt vielleicht Hansis EL-Ich: »Was *muß* ich glauben?« Sein K-Ich fragt forschend: »Was *würde* ich gerne glauben?« »Aber was *kann* ich glauben?« fragt sein ER-Ich.

Wenn in einem glaubenden Menschen die Energie des Inneren Kerns sich vorwiegend in Formen des EL-Ichs ausdrückt, könnte man ihn einen EL-Glaubenden nennen. Pfarrer Lang ist einer von diesen Menschen, besonders, wenn er seine Gemeindeglieder auffordert, dies zu tun oder jenes zu lassen. Wenn Äußerungen des K-Ichs vorherrschen, könnte man von einem K-Glaubenden sprechen; Hansis höchst emotional bestimmte Mutter, ein natürliches K-Ich, reagiert mit ihren Gefühlen und glaubt von dem, was der Pfarrer sagt, nur das, worauf ihr Gefühl positiv anspricht. Hansis Vater dagegen, ein angepaßtes K-Ich, schluckt ohne viel zu fragen alles, was Pfarrer Lang von sich gibt.

Äußerungen, die vorwiegend vom ER-Ich gemacht werden, weisen auf einen ER-Glaubenden hin. Hansis aufrichtige Fragen sind ein gutes Beispiel dafür, wie der Verstand eines ER-Glaubenden arbeitet.

Im Blick auf die Offenheit des Inneren Kerns zeigt jeder Glaubende eine nur ihm eigene Verbindung seiner Ichzustände. Dieses Zusammenwirken bestimmt auch die Art der religiösen Erfahrungen. Im folgenden sollen die verschiedenen Charakteristika der EL-Glaubenden, der K-Glaubenden und der ER-Glaubenden beschrieben werden.

Die religiöse Erfahrung des EL-Glaubenden

Die Glaubensvorstellungen des EL-Glaubenden sind vor allem dadurch bestimmt, was er von elterlichen und anderen Autoritäten *verinnerlicht* hat: von Priestern, Pfarrern, Jugendleitern, Müttern, Vätern, Lehrern, Theologieprofessoren u. a. m. Für den EL-Glaubenden besteht sein Glaube vor allem aus *gelernter Tradition,* die ihn auf den Knien der Mutter, auf der harten Kirchenbank im Kindergottesdienst, im Religionsunterricht erreicht oder die er aus einem theologischen Buch, aus einer Predigt oder aus der Bibel übernommen hat. Der entscheidende Punkt dabei ist: Diese Traditionen stammen alle von einer Art Autorität, sie wurden in das EL-Ich verinnerlicht und von Generation zu Generation weitergegeben. Sie zeigen sich z. B. in Sätzen wie: »Du bist verdammt, wenn du eine Todsünde begehst!« »Denk immer daran, daß Gott in der Kirche gegenwärtig ist.« »Du verstehst eben nicht, was der Apostel Paulus schreibt.« »Nur unsere Art, das Abendmahl zu feiern, ist die einzig richtig.« »Die Bibel sagt, du sollst die zehn Gebote halten, und dort steht geschrieben ›Ehre Vater und Mutter‹.«

Betty wurde gefragt, welche Frage, die ihr besonders wichtig sei, sie an Gott richten würde, wenn sie die Möglichkeit dazu hätte. Ohne Zögern antwortet sie: »Ich würde ihn bitten, mir zu sagen, welche Teile der Bibel wörtlich geglaubt werden müssen, und welche Stücke nur Bilder und Gleichnisse sind, die etwas verdeutlichen sollen.« Betty wünschte sich also eine klare Vorschrift: »Das und das mußt du glauben.«

Für den EL-Glaubenden besteht der Kern des Glaubens vor allem in *Vorschriften:* in Normen oder Dogmen, in Geboten der Kirche, in Direktiven eines kirchlichen Würdenträgers, in ethischen und moralischen Grundsätzen, religiösen Traditionen, kirchlichen Sitten usw. Für den EL-Glaubenden drücken diese Normen, Lehren, Gebote und Verbote aus, was es heißt, ein gläubiger Mensch zu sein. EL-Glaubende zitieren oft den Katechismus und die Bibel. Sie halten sich gern an Gebote, Gesetze und an Wendungen wie »Liebe deinen Nächsten«, »Biete auch die andere Backe dar«, »Keiner kann zwei Herren dienen«, »Laß deine linke Hand nicht wissen, was die

rechte tut«, »Trachte am ersten nach dem Reich Gottes . . .«
EL-Glaubende fließen über von Regeln für das religiöse
Leben, – es sind nicht Vorschläge, sondern eben Regeln. Sie
bieten keine Alternativen an, sondern wissen den »rechten
Weg« und bestehen darauf.

EL-Glaubende achten besonders auf zwei Dinge: sich anderen gegenüber stets in bestimmter stereotyper Weise zu verhalten und das eigene K-Ich unter Kontrolle zu halten. Sie
verwenden die Innere Kraft dazu, ihre Pflicht zu erfüllen,
Rituale zu vollziehen, kirchliche Veranstaltungen und Gottesdienste zu besuchen. Für sie ist es wichtig, am Sonntag zur
Kirche zu gehen, und sie ermahnen andere, dasselbe zu tun.
EL-Glaubende sind im allgemeinen mehr daran interessiert,
neue Vorschriften genau zu befolgen und andere dazu anzu-
halten, als daran, für sich selbst ein neues Verhalten zu
entwickeln.

Fred mag den neuen Pfarrer nicht, kommt aber trotzdem zur
Kirche, denn »das wird von einem guten Gemeindeglied
erwartet«. Vielleicht paßt es ihm gar nicht, in der dritten Bank
zu sitzen und die Predigten des Pfarrers anzuhören, aber er
wird auf jeden Fall, ob's stürmt oder schneit, jeden Sonntag in
dieser Bank sitzen. Fred ist in seinem angepaßten K-Ich dem
EL-Ich gehorsam. Er erfüllt, so gut er nur irgend kann, alle
Gebote Gottes, seiner Kirche, seiner Gruppe. Rituale bringen
ihm selbst wenig, aber er führt sie aus. Er stellt die von oben
gegebene Ordnung nicht in Frage; seine Rolle ist einfach nur,
diese Vorschriften zu befolgen und darauf zu achten, daß
andere Leute, besonders seine Familie, diese Vorschriften
ebenfalls beachten. Für Fred, den EL-Glaubenden, heißt
Mitglied einer Kirche zu sein: die Vorschriften dieser Kirche
erfüllen.

Jahrhunderte hindurch nahmen viele Pfarrer ihrer Gemeinde
gegenüber eine EL-Position ein, indem sie von ihren Gemeindegliedern ein gewohnheitsmäßiges Lernen und Befolgen der

Regeln verlangten. Ein römisch-katholischer Leitfaden für junge Mädchen aus dem Jahr 1906 – aus dem EL-Ich heraus geschrieben – zeigt, wie das Augenmerk auf Vorschriften und auf die äußere Erfüllung von Pflichten und Geboten gerichtet war, wenn es dort heißt:

1. Du mußt deine täglichen Gebete sorgfältig und regelmäßig sprechen und darfst an Sonn- und Feiertagen niemals die Messe versäumen (nur in äußersten Notfällen).
2. Du mußt es dir zur Gewohnheit machen, mindestens einmal im Monat zur Kommunion zu gehen.
3. Du mußt gewissenhaft alles meiden, was für deine Keuschheit gefährlich sein könnte. Sei wachsam gegenüber Neugier, Eitelkeit, unschicklichem Umgang mit jungen Männern, unsauberer Konversation und gegenüber unmoralischen Büchern.
4. Bei der Beichte mußt du immer gewissenhaft und aufrichtig im Hinblick auf das 6. und 9. Gebot sein. Deshalb mußt du es einem Beichtvater sagen, wenn ein Verehrer auftaucht, d. h. sobald du anfängst, Bekanntschaften zu machen.
5. Was das Tanzen und zweideutige Spiele betrifft, so mußt du immer den Rat deines Seelsorgers erbitten und befolgen.
6. Du mußt immer bestrebt sein, deinen Eltern und Vorgesetzten in sofortigem Gehorsam, durch freundliches Betragen und Fleiß bei deiner Arbeit zu gefallen.
7. Sei sehr vorsichtig in der Wahl von Romanen und weltlichen Zeitschriften und begnüge dich mit wenigen Büchern.
8. Bemühe dich ernstlich, mit allen Menschen in Frieden zu leben. Vermeide deshalb sorgfältig jede Verstellung und Rücksichtslosigkeit in Wort und Tat.

Der EL-Glaubende hält meist in unerschütterlicher Überzeugung an seinen Glaubenssätzen fest.

Die religiöse Erfahrung des K-Glaubenden wird vor allem von dem bestimmt, was er in seiner Kindheit gelernt hat und was er *innerlich fühlt,* wenn er z. B. betete, zur Kirche ging oder religiöse Bücher las. K-Glaubende, wie Hansi Schmidts Mutter, reagieren mit ihren Emotionen, und ihre persönliche Erfahrung ist im Gefühl zentriert. Sie leiten die Innere Kraft vorwiegend in ihr Gefühl. Sie erinnern sich daran, was die Mutter ihnen von Gott erzählt und was sie so nahe bei der Mutter fühlten: es war ein ganz besonderes, unvergeßliches Empfinden. K-Glaubende fragen meist weniger nach dem Sinn dessen, was der Pfarrer sagt, sondern mehr danach, welches Gefühl sie während der Predigt haben: ein gutes oder schlechtes, ein trauriges oder freudiges usw. Wenn K-Glaubende eine religiöse Vorschrift zitieren, dann deswegen, weil sie wahrscheinlich gewisse Gefühle in ihnen auslöste.

Ihr Glaube drückt sich vor allem in *inneren Gefühlen und erlernten Reaktionen* aus. Für K-Glaubende bedeutet Glaube eine Folge persönlicher Erlebnisse und Erfahrungen, die Gefühlsreaktionen enthalten und die mit Gott und die mit dem Kontakt zu anderen Menschen verbunden sind: zuhause, in der Kirche, in der Schule. »Ich fühle mich getröstet, wenn ich die Bibel lese.« »Bei jeder Predigt von Pfarrer Maurer fühle ich mich verdammt.« »Das war eine solch schöne Trauung. Ich empfand den Segen Gottes, der auf dem Brautpaar lag.« »Es wäre so einfach, Theologie zu studieren, wenn man sich bei jedem Lehrer so wohl fühlen könnte wie bei Professor Lindner.«

Auf K-Glaubende wirkt eine Predigt oder ein religiöses Buch nicht deshalb, weil hier eine Information oder Einsicht vermittelt, sondern weil ihr Gefühl angerührt wird. Die religiöse Erfahrung besteht im Gefühl, geliebt oder abgelehnt zu werden, froh oder traurig, schuldig oder erlöst zu sein. K-Glaubende empfinden den Inneren Kern als eine Vorratskammer emotionaler Energie. Während EL-Glaubende bemüht sind, zum Ostergottesdienst rechtzeitig in der Kirche zu sein und im richtigen Moment zu sitzen oder sich zu erheben, beben K-Glaubende mit einem vorwiegend angepaßten K-Ich vor Ergriffenheit, hier und jetzt die Auferstehungsfeier zu erleben; dabei ist es einem Glaubenden mit einem angepaßten K wichtig, daß er die Worte und Choräle kennt, die an der Reihe sind, während der Glaubende mit einem freien K begeistert und bewegt mitsingt und dabei womöglich den dazugehörenden Text vergißt.

Jesus meint wahrscheinlich K-Glaubende mit einem freien K-Ich, wenn er sagt: »Wenn ihr nicht umkehrt und werdet wie die Kinder, so werdet ihr nicht ins Himmelreich kommen« (Mt 18,2). Damit wollte er die Menschen zu kindlich vertrauendem Glauben ermutigen.

Viele EL-Glaubende beneiden die K-Glaubenden und möchten ihr religiöses Erleben gern stärker vom Gefühl leiten und erwärmen lassen. Als Jesus zu den beiden Schwestern nach Bethanien kam, schien Martha nur mit ihrem konstanten EL-Ich in Kontakt zu sein, aber in Wirklichkeit gab sie allen drei Ichzuständen Ausdruck: sie kümmerte sich um die Küche (ER), sie sorgte für das leibliche Wohl des Gastes (nährendes EL) und sie tat, was sie von ihrem Gefühl her meinte tun zu *sollen* (angepaßtes K). Und mit etwas veränderter Akzentsetzung waren auch bei Maria, obwohl sonst vorwiegend ER-bestimmt, alle drei Ichzustände beteiligt: ihr näherndes EL gab dem Gast das Gefühl, willkommen zu sein, ihr ER hörte seinen Gedanken und Informationen zu, und ihr natürliches K tat, was es zu tun sich wünschte.

Die religiöse Erfahrung des ER-Glaubenden

Der Glaube des ER-Glaubenden ist weder von dem bestimmt, was er gelernt hat (wie beim EL-Glaubenden), noch davon, was er – wie der K-Glaubende – innerlich fühlt, sondern von seinen eigenen *Gedanken und Reflexionen.* Ihm dient die Innere Kraft zum Denken. Er weiß, daß es viele Möglichkeiten gibt, über Glaube und Gott nachzudenken. Er will die eigenen Glaubenserfahrungen und die anderer Menschen ergründen. So entdeckt er z. B., daß viele Theologen eine bestimmte Bibelstelle auf sehr verschiedene, ja widersprüchliche Weise auslegen.

ER-Glaubende reflektieren oft über ihre persönlichen Glaubenserfahrungen und versuchen, sie zu interpretieren und zu bewerten. Sie diskutieren auch darüber, um zu erfahren, wie andere darüber denken.

Von Georg, einem ER-Glaubenden, wird erwartet, daß er alles akzeptiert, was seine Kirche lehrt, aber er fragt sich oft: »Was kann ich glauben? Wieviel von dem, was ich gelernt habe, wurde durch meine eigene Vorstellung und Phantasie verändert? Wieviele Glaubenssätze, die wirklich nicht mehr relevant sind, hat die Kirche nur aus Treue zur Tradition weitergegeben? Was ist wirklich wahr? Wie kann ich etwas glauben, was ich nicht gesehen habe?«

Im Gegensatz zu dem EL-Glaubenden, für den Glaube sich im Grunde in Vorschriften, Gesetzen, Geboten, Ritualen, Doktrinen und Dogmen ausdrückt, stehen für den ER-Glaubenden eine Reihe von *persönlichen Glaubensentscheidungen* im Mittelpunkt. Statt einfach nur eine kirchliche Lehre oder Vorschrift zu befolgen, untersucht der ER-Glaubende die Vorschrift, entdeckt ihre Quelle und wägt ihre Wichtigkeit ab. Sonja ist eine ER-Glaubende. Wenn sie etwas tut, tut sie es nicht, weil sie dazu durch eine Vorschrift veranlaßt wurde, sondern weil sie sich zu diesem Schritt entschlossen hat. Wenn Vorschrift und Entscheidung übereinstimmen, um so besser, andernfalls geht Sonja ihren eigenen Weg. Während EL-Glaubende den Gottesdienst besuchen, weil man das eben tut, wird Sonja – wenn überhaupt – zur Kirche gehen, weil sie findet, daß es in der jetzigen Situation für sie wichtig ist. Für sie ist der Kirchgang eine persönliche Entscheidung.

In den USA z. B. nimmt die Christophorus-Bewegung eine stark vom ER-Ich bestimmte Haltung ein, und sie hat viel Zulauf. Ihr Begründer schreibt: »Das Ziel der Christophorus-Bewegung ist, Millionen von Einzelnen zu ermutigen, in persönlicher Verantwortung die Liebe und Wahrheit Christi in den Lebenszusammenhang einzubringen. Der Name Christophorus kommt aus dem Griechischen und bedeutet ›Christusträger‹.«

Die Christophorus-Leute zeigen, was ein Einzelner mit Hilfe der Inneren Kraft tun kann. Sie wollen das tägliche Leben in der Gesellschaft zum Besseren verändern. Sie nehmen sich der Kranken, der Hungernden, der Gefangenen an, sie sprechen Verzweifelten Mut zu; sie wollen das Schicksal der Welt zum Positiven wenden, besonders durch persönliche Einflußnahme auf die Regierung, auf die, die im Erziehungswesen, in der Arbeitswelt, in Literatur und Unterhaltung tätig sind.

Ein Dominieren des EL-Ichzustandes – typisch für kirchliche Organisationen – wird bei den Christophorus-Leuten ausdrücklich abgelehnt. Es gibt keine Mitgliedschaft, keine Richtlinien und Zusammenkünfte, keine Unterschriften und Verpflichtungen. Jeder Einzelne entscheidet für sich selbst, wann, wo und wie er seine Innere Kraft einsetzen will. Ihr Leitsatz heißt: »Besser eine Kerze anzünden, als die Dunkelheit verwünschen.«

Für ER-Glaubende steht die *Reflexion* im Mittelpunkt der Glaubenserfahrung. Sie wollen abwägen und analysieren, Informationen sammeln und darüber meditieren. Sie wollen über Gelerntes und Erlebtes nachdenken. Danach erst akzeptieren sie möglicherweise das Gelernte; vielleicht verändern sie es, vielleicht aber lehnen sie alles miteinander ab. Selten lassen sie sich von Gefühlen überwältigen oder von emotionalen Argumenten ins Wanken bringen.

Abb. 2 EL-, ER- und K-Glaubende und ihre unterschiedlichen Glaubenserfahrungen

Glaubende	Ihr Glaubensverständnis beruht auf:	Sie sehen den Ausdruck des Glaubens vor allem in:	Ihre Glaubenserfahrung ist konzentriert auf:
EL-Glaubende	dem, was von elterlichen und anderen Autoritäten *verinnerlicht* wurde	*gelernter Tradition* in Normen, Lehren, Geboten, Verboten (was man tut und nicht tut)	*äußeres stereotypes Verhalten* anderen gegenüber. Kontrolle des eigenen K-Ich
K-Glaubende	dem, was innerlich *gefühlt* (oder gewünscht oder fantasiert oder konditioniert) wurde	*inneren Gefühlen und erlernten Reaktionen* auf persönliche Erfahrungen	*innere Vorgänge*, z.B. sich heilig oder besorgt fühlen etc.
ER-Glaubende	eigenen *Gedanken* über Tatsachen, Informationen und Erfahrungen	*Glaubensentscheidungen* aufgrund vorausgegangener Reflexion	*Reflexion*, Meditation, Studium, aktives Handeln

Thomas Morus, Kanzler Heinrichs VIII., beschrieb ein imaginäres Land, Utopia, in dem jeder eine ER-Natur hat. Der Regent des Landes glaubt, daß zuletzt die Wahrheit siegen wird.

»Besonders legt er fest, daß jeder das Recht hat, der Religion seiner Wahl zu folgen, und daß er auch versuchen darf, andere davon zu überzeugen, aber nur dann, wenn er ruhig und bescheiden seine Gründe vorbringt und andere Religionen nicht schlechtmacht, oder gar mit Gewalt vorgeht, wenn er mit seinen Überredungskünsten nichts erreicht. Der Regent hält es für anmaßend und unsinnig, mit Gewalt und Einschüchterung erreichen zu wollen, daß alle das für wahr halten, was man selbst für wahr hält.

Für den Fall, daß eine bestimmte Religion tatsächlich die

wahre sei und alle anderen falsch, meint der Herrscher, daß bei vernünftiger und maßvoller Handhabung die Wahrheit durch ihre eigene natürliche Kraft schließlich früher oder später zu Tag treten und deutlich sichtbar werden würde.«[11]
Im Idealfall haben die Glaubenden, dank der Inneren Kraft, die Möglichkeit, in sich ein Gleichgewicht der drei Glaubensweisen zu schaffen, so daß sie aktiv am kirchlichen Leben teilnehmen und sich ursprünglicher, persönlicher religiöser Gefühle erfreuen können.
Ein zusammenfassender Vergleich der verschiedenen Glaubensformen der EL-, ER- und K-Glaubenden wird in Abb. 2 gegeben.

Nehmen Sie sich einige Augenblicke Zeit

Schreiben Sie fünf Glaubenssätze Ihrer Kirche auf, mit denen Sie übereinstimmen.
Fragen Sie sich dann, indem Sie die Antworten notieren:
Sind dies Glaubenssätze, an die meine Eltern auch geglaubt haben würden?
Was fühle ich in Bezug auf diese Glaubenssätze? Lösen sie Freude in mir aus, bedrohen, entmutigen, ermutigen oder erleichtern sie mich?
Welche Informationen besitze ich über den Wahrheitsgehalt dieser Glaubenssätze?
Welcher Ich-Zustand ist von diesen Glaubenssätzen am meisten angesprochen?

Lauter als Worte

Früher oder später haben Glaubende Gelegenheit, ihre Überzeugung in Taten auszudrücken. Was enthüllen Glaubende durch die Wahl ihrer kirchlichen Aktivitäten? Warum singt z. B. Brigitte im Kirchenchor mit, während Johanna lieber im

Besuchsdienst tätig ist? Was veranlaßt David, mit anderen eine Diskussionsgruppe für Glaubensfragen zu gründen, während Philipp sich damit begnügt, bei der Kegelgruppe mitzumachen? Wie kommt es, daß Marlene hauptsächlich an einer Neubelebung der Liturgie interessiert ist und Edi sich mit theologischen Anfangsstudien befaßt?

Genau so, wie man den führenden Ichzustand der Glaubenden aufgrund ihrer Gedanken und Worte identifizieren kann, so ist es auch möglich, ihre spezielle Eigenart aus ihrer Beteiligung an den verschiedenen kirchlichen Aktivitäten zu erkennen.

EL-Glaubende und ihre kirchlichen Aktivitäten und Verhaltensweisen

Der EL-Glaubende ist bei seiner Mitwirkung am kirchlichen Leben im allgemeinen durch eine *urteilende und erzieherische* Tendenz gekennzeichnet. Der EL-Glaubende ist vor allem an der Befolgung von Regeln interessiert und setzt sich damit oft durch; er will verdeutlichen, was das Gesetz sagt, und er achtet darauf, daß die anderen es befolgen. Der EL-Glaubende hat eine klare Vorstellung von den bestehenden Notwendigkeiten und kennt die Vorschriften und Bestimmungen, die die Grundlagen seiner Aktionen sind. Diese Grundsätze haben für ihn absoluten Wert, und um sie herum baut er sein Leben und Handeln auf.

»Die Kirche lehrt, daß Ehescheidung Sünde ist«, sagt Herbert zu seiner Tochter, »deshalb wirst du die Ehe mit diesem deinem Mann unter allen Umständen aufrecht erhalten.« EL-Glaubende lehnen es ab, auch nur ein Jota des Gesetzes zu ändern, und widersetzen sich daher der Erneuerung jeder kirchlichen Vorschrift, der Liturgie, der Bibelauslegung.

Obwohl Carola, eine EL-Glaubende, es unbegreiflich fand, daß der Kirchenvorstand seine Einstellung ändern und

Schlagzeug und Gitarren im Gottesdienst zulassen konnte, hat sie sich schließlich doch daran gewöhnt; und nach kurzer Zeit akzeptierte sie die neue Gottesdienstform ebenso absolut, wie sie vorher von der alten Art überzeugt war. Aber wenn wieder eine Neuregelung eingeführt werden sollte – wenn der Kirchenvorstand z. B. den Ausdruckstanz um den Altar zuließe –, würde Carolas EL-Ich voraussichtlich in ähnlicher Weise dagegen protestieren.

Ohne es selbst zu merken, stellt der EL-Glaubende manchmal Gesetze auf, wo es gar keine gibt. In Lk 9,49 wird berichtet, wie die Jünger einen EL-Befehl ihres Herrn konstruieren: »Meister, wir sahen einen, der trieb die Teufel aus in deinem Namen, und wir *verboten es ihm,* denn er folgt dir nicht mit uns.«

Das Verantwortungsgefühl der EL-Glaubenden wird durch andere EL-Autoritäten von *außen her* kontrolliert. Wenn EL-Glaubende beschließen, etwas zu tun – zu beten, den Gottesdienst zu besuchen, zu fasten, den Zehnten zu geben, die Bibel zu lesen –, dann meist deshalb, weil es einGesetz gibt, das es ihnen so vorschreibt.

Ohne viel darüber nachzudenken, bringen EL-Glaubende ethische und traditionelle kirchliche Vorschriften zur Ausführung. Sie glauben das, was sie gelernt haben, ohne zu fragen, nur allein deshalb, weil eine religiöse Autorität es so gesagt hat. Selten fragen sie warum. Wenn EL-Glaubende ihre ethischen und traditionellen Glaubenssätze an die nächste Generation weitergeben, verlangen sie von ihr, dies oder jenes zu tun oder zu glauben, weil es dafür eine Ausführungsbestimmung bzw. eine Glaubenslehre gibt. Widerstand gegen die Tradition ist das Thema des berühmten Musicals »Anatevka«. Die EL-Glaubenden Frank und Marlene gaben die Kontrolle durch die Tradition, der sie sich unterworfen hatten, an ihre Kinder z. B. in folgenden Sätzen weiter: »Tu, was die Kirche lehrt!« »Der Pfarrer weiß es am besten!« »Gehorche den

Geboten!« »Nimm die Bibel wörtlich!« »Jeden Abend mußt du beten!«

EL-Glaubende sind durch ihr *Pflicht*gefühl motiviert. Sie sehen das Leben im allgemeinen und die religiöse Aktivität im besonderen als eine Reihe von Verpflichtungen an, die zu erfüllen sind, als Aufgabe, die zu leisten ist. Die Motivation zur kirchlichen Mitarbeit empfinden sie nicht als etwas besonderes, denn ihr gesamtes Leben ist ja ähnlich motiviert. Sie drücken das so aus: »Ich tue, was die Kirche lehrt; sie sagt mir, was recht und wahr ist, und das halte ich für meine Pflicht.«

Wenn EL-Glaubende über Religion sprechen, sind die charakteristischen Worte vor allem »sollte, muß«, »immer«, »nie« oder ähnliche verabsolutierende Wendungen. Gerne zitieren sie kirchliche Verlautbarungen und Autoritäten, den Katechismus, die Bibel und andere autoritative Quellen.

K-Glaubende und ihre kirchlichen Aktivitäten und Verhaltensweisen

Glaubende mit einem freien K-Ich handeln im allgemeinen *impulsiv,* Glaubende mit einem vorwiegend angepaßten K-Ich handeln *angelernt,* der im freien K-Ich wirksame »Kleine Professor« handelt dagegen *intuitiv und schöpferisch.* Entsprechend der Gefühlsbetontheit auch in religiösen Erfahrungen reagieren K-Glaubende auf jede Situation sofort mit dem Gefühl. Während EL-Glaubende die Dinge der Tradition gemäß erledigen, tun K-Glaubende dies oder jenes, weil es angenehme Empfindungen auslöst. Sie lassen sich gern vom Gefühl forttragen, von einer Predigt anrühren, von einem Choral gefangen nehmen. Je stärker das Gefühl angesprochen wird, desto tiefer ist das religiöse Erlebnis des K-Glaubenden.

Den EL-Glaubenden hierin ähnlich, haben K-Glaubende

meist einen unreflektierten Sinn für Verantwortlichkeit. In religiösen Dingen – wie im Leben überhaupt – reagieren K-Glaubende auf *Gefühl und Gewohnheit*. Während das angepaßte K-Ich gelernt hat zu tun, was das Gesetz vorschreibt, gehorcht das natürliche K-Ich dem Diktat der Gefühle. Oft tut es anderen etwas zuliebe, weil das eine emotionale Belohnung einbringt. Wenn sein Verhalten keine Zustimmung der Eltern oder anderer Autoritäten findet, fühlt sich der K-Glaubende meist schuldig.

Dementsprechend ist der Glaube mit einem vorwiegend angepaßten K-Ich von der Zustimmung oder Ablehnung der anderen bestimmt, während die Motivation des Glaubenden mit einem natürlichen K-Ich seinen eigenen *Impulsen* entspringt: »Ich tue in jeder Situation das, was mir mein Gefühl sagt.« Er läßt sich durch die emotionale Atmosphäre der Umwelt beeinflussen und wird daher von guten Gefühlen – Liebe, Freude, Begeisterung – gestärkt, von negativen Gefühlen wie Schuld, Ablehnung, Verlassenheit jedoch geschwächt. Deshalb ist es schwierig, die Reaktionen eines K-Glaubenden vorauszusagen, besonders dann, wenn sein Gemüt und sein Gefühl erst kürzlich von einer starken Emotion beansprucht waren. Während es überaus einfach ist, das Verhalten von EL-Glaubenden im voraus zu berechnen (»Nehmt doch Hans in euer Komitee auf, er bringt alles fertig!«), wechseln K-Glaubende in unvorherzusehender Weise in ihrem Verhalten (»Wenn Andreas gut gestimmt ist, aber nur dann, kann man ihn bitten, den Chor zu übernehmen. Er wird die Leute schon in Schwung bringen!«). Ein Gedankenaustausch mit EL-Glaubenden mündet in Feststellungen darüber »was wir zu tun haben«, »was absolut wesentlich ist« und »was man in dieser Gemeinde schon immer so gemacht hat«. Die Unterhaltung mit K-Glaubenden dagegen quillt meist über von emotionalen Wendungen: Die Evangelisation »gestern abend habe ich *richtig genossen*«, »dieses Buch *kann ich nicht leiden,* es hat mich gelangweilt«, »wie kann jemand nur eine *so dumme Predigt* verfassen«.

Der K-Glaubende neigt dazu, dieselben Reaktionen bei ähnlichen Erlebnissen zu wiederholen. Psychologisch gesprochen: der K-Glaubende ist jemand, der gerne Vorgänge miteinander *identifiziert*. Wenn z.B. Jens die erste Zusammenkunft seiner Gruppe sehr gut fand, wird er dasselbe Gefühl der tiefen Befriedigung auch von der nächsten Zusammenkunft erwarten. Wenn diese aber emotional unbefriedigend verläuft, wird seine Enttäuschung – seinen hohen Erwartungen entsprechend – sehr groß sein. Als K-Glaubender kehrt er jedoch zu dieser oder einer ähnlichen Gruppe zurück und erwartet, daß doch dieselbe emotionale Reaktion wieder eintritt, die er am ersten Abend empfunden hat. Ähnliches geschieht, wenn Susanne, eine K-Glaubende, sich bei der ersten Predigt von Pfarrer Thomas gelangweilt hat. Jedesmal, wenn sie nun an Pfarrer Thomas denkt oder zu seiner Predigt geht, wird sie wahrscheinlich in sich dasselbe Gefühl hervorrufen, das sie bei jener ersten Predigt hatte.

Manche K-Glaubende tragen von der Kindheit her Narben, die von negativen Erfahrungen mit der Kirche herrühren: sie wurden vielleicht in der Beichte von einem Priester bedroht oder von einer biblischen Geschichte durch die Art, in der sie erzählt wurde, geängstigt, oder sie wurden bestraft, weil sie während des Gottesdienstes unruhig waren. Diese Menschen werden in ähnlichen Situationen lebenslang mit jenen negativen Gefühlen reagieren: sie fühlen sich bei jeder Beichte bedroht, sie erwarten stets, von der Bibel geängstet zu werden, und sie sträuben sich gegen den Besuch des Gottesdienstes.

Samuel Butler erinnert sich in seinem »Notizbuch« an das für einen K-Glaubenden erschreckende Erlebnis, das durch die Bemerkung eines Kindermädchens ausgelöst wurde: »Meine ältere Schwester und ich fragten unser Kindermädchen, ob vielleicht heute nachmittag das Ende der Welt kommen könne. Sie sagte, das könnte schon sein. Da fingen wir an zu weinen und weinten so lange, bis sie uns sagte, es würde doch nicht geschehen.«[12]

ER-Glaubende und ihre kirchlichen Aktivitäten und Verhaltensweisen

Im Gegensatz zu EL- und K-Glaubenden ist das Handeln der ER-Glaubenden nicht von Kritik oder Intuition bestimmt, sondern von der *Vernunft*. ER-Glaubende bemühen sich, die beste Art und Weise herauszufinden, wie hier und jetzt zu handeln ist. Aber es gibt für sie nicht »die absolut beste« Handlungsweise für alle Situationen. Jede Zeit, jeder Ort erlaubt eine Anzahl möglicher Reaktionen, und ER-Glaubende wägen die ihnen offenstehenden Alternativen ab und handeln dann in Übereinstimmung mit ihren persönlichen Wertungen und mit dem, was sie in Glaubensdingen mit anderen gemein haben. Daher fällt es ER-Glaubenden leichter als anderen, Änderungen zu akzeptieren, z.B. wenn es sich um dogmatische Auslegungen oder um die gottesdienstliche Praxis handelt, soweit sie vernünftig und hilfreich scheinen. Sie fühlen sich nicht verpflichtet, etwas weiterzuführen nur deshalb, »weil es immer so gemacht wurde« oder »weil wir es so gelernt haben«. Sie stimmen nicht unbedingt zu, wenn es heißt: »Was für uns gut genug war, ist auch für unsere Kinder gut genug«, obwohl sie in gewissen Fällen ihre Zustimmung dazu nicht verweigern.

Im Unterschied zu EL-Glaubenden, die von der Tradition abhängig sind, und von K-Glaubenden, die auf Impulse und Gefühle reagieren, handeln ER-Glaubende von innen heraus, vernünftig und reflektiert. Auch wenn sie die betreffende Vorschrift oder Regel kennen, werden sie jede Situation in ihrer Besonderheit bewerten, so daß sie selbst die volle Verantwortung für ihr Handeln übernehmen, ob dieses nun mit der Vorschrift übereinstimmt oder nicht. Wenn der Erfolg jedoch ausbleibt, wird der ER-Glaubende sich selten entschuldigen und sagen, er habe sich vom Gefühl hinreißen lassen (wie ein K-Glaubender es vielleicht täte), und er wird den Mißerfolg auch nicht jemand anderem in die Schuhe schieben oder die betreffende Vorschrift tadeln (wie ein EL-Glaubender es versuchen könnte).

Dementsprechend sind ER-Glaubende religiös durch das motiviert, was man als *Einsicht* bezeichnen kann. Wenn sie vor einer Entscheidung stehen, werden sie sich erst ausreichende Informationen verschaffen und diese abwägen; sie berücksichtigen dabei auch, was Autoritäten dazu sagen (Einschlag des EL-Ichs), und sie achten auf ihre Empfindungen angesichts dieser Situation (Einschlag des K-Ichs). Dann erst formulieren sie ihre eigenen Gedanken, treffen die Entscheidung und handeln entsprechend.

ER-Glaubende führen eine Unterhaltung ganz frei und offen, weil sie ihre Erfahrungen als *partiell und der jeweiligen Situation zugehörig* ansehen und darüber diskutieren können. Die EL-Glaubenden bestehen auf der Absolutheit der Vorschrift; den ER-Glaubenden dagegen liegt mehr daran, »über die Vorschrift nachzudenken«, zu fragen, »ob sie sinnvoll ist«, »wie sie zur Klärung der eigenen Gedanken dient«. Im Gegensatz zu K-Glaubenden, deren Unterhaltung voll ist von Ausdrücken des Gefühls – Freude, Kummer, Glücklichsein, Schuld, Freiheit –, zeigen ER-Glaubende viel mehr Interesse an Information, an gemeinsamer Erfahrung, an offenen Fragen, an Meinungen anderer Leute, an der Erörterung alternativer Möglichkeiten des Verhaltens und daran, etwas zustande zu bringen.

Ein zusammenfassender Vergleich der EL-, ER- und K-Glaubenden im Blick auf ihre kirchlichen Aktivitäten wird in Abb. 3 gegeben.

Abb. 3 EL-, ER-, K-Glaubende und ihre kirchlichen Aktivitäten und Verhaltensweisen

Glaubende	Allgemeine Weise des Handelns	Quelle der moralischen und ethischen Verantwortung	Ursprüngliche religiöse Motivation des Handelns	Charakteristische Sprachmerkmale
EL-Glaubende	*Urteilend* (im Sinne der Befolgung und Verstärkung von Regeln) und *fürsorglich* (Sorge um Bedürfnisse anderer)	durch *Tradition bestimmte Kontrolle*; nur Ausführung von Befehlen	*Pflicht*, Gehorsam der Kirche, Bibel etc. gegenüber	Neigt zu *Verabsolutierungen* wie »immer«, »nie«, »muß«, »soll«
K-Glaubende	*unterdrückte, angelernte, impulsive* oder *intuitive* emotionale Reaktionen	*Reaktion auf Gefühle und Konditionierung*; tut alles, was spontane oder konditionierte Gefühle verlangen	*plötzliche Eingebung, Neugier, Zustimmung* oder *Ablehnung*	neigt zur Verwendung *emotionsgeladener* Worte
ER-Glaubende	*vernünftig*, unter klarer Erwägung von Alternativen	*innere Kontrolle*; übernimmt volle Verantwortung für sein Verhalten	*Einsicht*; formuliert reflektierend persönliche Entscheidungen	*Diskutiert Erfahrungen* als einmalig und in Beziehung zu vielen verschiedenen Faktoren

Nehmen Sie sich einige Augenblicke Zeit

1. Schreiben Sie fünf Verhaltensweisen und Aktivitäten auf, die es in Ihrer Gemeinde gibt.

2. *Haben Ihre Eltern auch diese Verhaltensweisen an den Tag gelegt bzw. diese Aktivitäten wahrgenommen?*
3. *Was sind Ihre Gefühle im Blick auf diese Verhaltensweisen und Aktivitäten? Fühlen Sie sich dabei freudig, ermutigt, erleichtert?*
4. *Welches Wissen haben Sie über die positiven und negativen Seiten dieser kirchlichen Verhaltensweisen und Aktivitäten?*
5. *Welcher Ihrer Ichzustände scheint am meisten mit diesen kirchlichen Verhaltensweisen und Aktivitäten zu tun zu haben?*
6. *Spiegeln diese kirchlichen Verhaltensweisen und Aktivitäten etwas von Ihrem Glauben wieder?*

4 WIE KANN EIN MENSCH GEBOREN WERDEN, WENN ER ALT IST?

Johannes 3,4

Ok- und nicht-ok-Glaubende

Die vier Lebenspositionen

Wieviele Menschen haben den Wunsch, daß sie noch einmal geboren werden könnten?

Wie oft haben schon Menschen gesagt: »Ich wünschte, ich könnte meine Laufbahn noch einmal ganz von vorne beginnen«, oder »wenn ich doch noch einmal die Chance hätte, eine Familie zu gründen«, oder »wenn ich doch erst sechzehn wäre!« oder »ich wäre bestimmt ein besserer Freund, wenn ich es noch einmal versuchen dürfte« oder »ich hätte in der Jugend wissen sollen, was ich jetzt weiß!«

Diese Leute beklagen nicht ein bestimmtes Problem, das sie belastet, oder einen bestimmten Fehler, den sie gemacht haben. Vielmehr würden sie gern ihre ganze Einstellung zum Leben geändert sehen. Sie würden dann die ganze bedrückende und sich selbst herabsetzende Einstellung, von der sie jetzt bestimmt sind, durch eine positivere und hoffnungsvollere ersetzen.

Wieviele Menschen würden gern auch von sich sagen, was ein entmutigter junger Mensch einst ausrief, um seine Selbstachtung zu retten: »Gott hat mich geschaffen, und er schafft keinen Ausschuß!«

Wir wollen von uns und anderen eine gute Meinung haben. Die Art und Weise, wie wir fühlen, läßt sich entsprechend der Theorie der TA in bestimmten Positionen, die man dem Leben insgesamt gegenüber einnimmt, angeben.

Diese allgemeinen Lebenspositionen, die meist schon sehr früh im Leben eingenommen werden, bestimmen die Selbst-Annahme oder Selbst-Ablehnung und ebenso die Annahme oder Ablehnung anderer. Oder in der Sprache der TA ausgedrückt: Menschen beschreiben sich selbst im allgemeinen als ok oder nicht-ok, und sie bewerten andere Menschen als ok oder nicht-ok. Wenn man dieses Konzept anwendet, stellen sich vier Hauptpositionen heraus, die so breit gefächert sind, daß jedermann darin Platz findet, vom Soziopathen bis zum Philanthropen.

Die erste Lebensposition:
Ich bin ok – du bist ok

Menschen mit dieser Einstellung sind *geistig gesund*. Sie nehmen sich selber an (ich bin ok), sie können sich frei äußern, sie setzen sich realistische Ziele und erreichen sie auch. Weil sie andere Menschen akzeptieren (du bist ok), kommen sie gut mit ihnen aus, sie finden viele Freunde und haben wenige Feinde. Sie sind tolerant und flexibel und erwarten im allgemeinen von ihren Mitmenschen nicht, daß sie vollkommen sind. Dies ist die Einstellung, um »mit anderen gut auszukommen« und »das Leben lebenswert zu finden«.

Die zweite Lebensposition:
Ich bin ok – du bist nicht ok

Menschen mit dieser Grundeinstellung sind meist *arrogant* und haben *paranoide Züge.* Da sie ihre Selbstannahme oft in übertriebener Weise betonen (ich bin ok), sind sie der irrigen Meinung, sie allein hätten recht; sie tadeln die anderen, zum mindesten kritisieren sie die anderen, wenn deren Pläne schief laufen. Da sie überzeugt sind, die übrige Menschheit sei unannehmbar (ihr seid nicht ok), vertreiben sie Freunde, Partner, Kinder und Kollegen, oder sie betrachten die anderen Menschen als Objekt ihrer (physischen und psychischen) Angriffe oder ihrer ständigen kritischen Ratschläge. Dies ist die Position, sich den anderen »vom Leib zu halten« und ihm das Gefühl zu geben, sein »Leben sei nicht viel wert«.
Fast jeder von uns gleitet hin und wieder einmal in diese Position »ich bin ok – du bist nicht ok« hinein; z. B. wenn wir uns selber reinwaschen und dafür den anderen tadeln, wenn wir in selbstgerechtem Ärger impulsiv zurückschlagen oder unser strafendes EL-Ich spielen lassen. Aber für die meisten Menschen ist diese Position nicht von Dauer. Daher müssen wir sehr vorsichtig sein und solch ein Etikett nicht gleich jemandem anheften, außer, wenn der klare Fall vorliegt, daß der Betreffende die »ich bin ok – du bist nicht ok«-Position fast allen Menschen gegenüber und auf Dauer einnimmt.

Die dritte Lebensposition:
Ich bin nicht ok – du bist ok

Sie gilt für *depressive oder entmutigte Menschen,* die sich für nicht-liebenswert halten (ich bin nicht ok), und meinen, nur die anderen seien wert, geliebt zu werden. Weil sie sich selbst nicht annehmen können, laufen sie oft davon oder ziehen sich zurück oder entfernen sich physisch und emotional von ihren

Mitmenschen; oft weigern sie sich, die volle Verantwortung für ihre eigenen Gefühle und für ihr Verhalten zu übernehmen. Da jeder andere ok zu sein scheint, erwarten depressive Leute oft, von diesen gerettet, belohnt und anerkannt zu werden. Diese Einstellung kann man die »geh den anderen aus dem Weg«-Position nennen; diese Menschen meinen, ihr Leben sei nicht viel wert.

Obwohl der Neugeborene sein Leben im ok-Gefühl beginnt, kann eine Reihe von nicht-ok-Erlebnissen viele Kleinkinder dazu bringen, die Position des »ich bin nicht ok – du bist ok« einzunehmen und ihr ganzes Leben darin zu bleiben. »Wie kann ich denn nicht böse sein, wenn doch die Großen sagen, ich sei böse, und mich strafen?« Aus einer ungesunden Perspektive heraus sammeln sie fortwährend negative Daten über sich selbst: »Schon wieder habe ich's falsch gemacht.« »Nie werde ich das lernen.« »Ich verdiene es nicht, einen so guten Chef zu haben.« »Meine Freunde dulden mich ja nur!« Charlie Brown aus der Peanut-Serie ist ein vorzügliches Beispiel für dieses: »Ich bin nicht ok, du bis ok.« Kein Wunder, daß viele Menschen sich mit diesem ungeschickten und unglücklichen Geschöpf identifizieren, das scheinbar niemals etwas rechtes hinkriegt.

Die vierte Lebensposition:
Ich bin nicht ok – du bist nicht ok

Menschen mit dieser Grundeinstellung finden das Leben *sinnlos* und sind überzeugt, daß weder sie selbst noch sonst jemand liebenswert sei. Da sie sich selbst ablehnen, sind sie nicht imstande, irgend etwas recht zu machen, und schließen daraus: »Warum sollte ich mich noch anstrengen?« Da sie die anderen Menschen ablehnen, (ihr seid nicht ok), meinen sie, daß niemand und nichts irgend etwas Gutes zu bieten habe, und schließen daraus: »Niemand kümmert sich um mich.«

»Man kann niemandem trauen.« Diese Einstellung kann so charakterisiert werden: »Mit den anderen ist nichts anzufangen.« Solche Menschen finden, »das Leben sei überhaupt nichts wert«.

In bestimmten, hierher gehörenden Fällen, in denen das System der ok-Gefühle durch psychische Unterernährung so weit abgestorben ist, daß nichts mehr helfen kann, werden Kinder autistisch und schließen sich von jedem Kontakt mit der Außenwelt ab; Erwachsene können schizophren oder schizoid werden und in extremen Fällen Mord oder Selbstmord begehen.

Einige Gedanken über die vier Lebenspositionen

Auf der Basis von Kindheitserfahrungen nimmt der Mensch schon sehr früh eine Grundeinstellung zum Leben insgesamt ein und behält sie – meist auf der Gefühlsebene – für immer bei.

Die erworbene Lebenseinstellung beeinflußt die EL-, ER- und K-Ichzustände; sie liegt im Kontakt mit anderen Menschen allen Transaktionen zugrunde und gibt ihnen den Farbton.

Hat man seine Lebensposition einmal eingenommen, dann werden die weiteren Erfahrungen im allgemeinen nur insoweit aufgenommen, daß sie eine Bestätigung für die Position liefern. Z. B. wenn einer, der die »ich bin nicht ok«-Position einnimmt, eine Anerkennung erhält, wird er sie entwerten, um die eigene nicht-ok-Einstellung aufrechtzuerhalten, indem er zu sich selbst spricht: »Man sagt mir das bloß aus Freundlichkeit, aber wir beide wissen ja, daß ich nicht ok bin und die Anerkennung nicht verdiene.«

Lebensanschauungen können sich wandeln.

Der Mensch ist dazu bestimmt, in der ersten Position zu

leben: »ich bin ok – du bist ok«. Diese Position einzunehmen, verlangt eine bewußte Entscheidung.

Es besteht ein wichtiger Unterschied zwischen diesem »sich für das ok-Sein zu entscheiden« und »sich ok zu fühlen«. Ersteres bezeichnet eine Grundeinstellung, letzteres die emotionale Qualität einer Erfahrung. Menschen in der ersten Position (ich bin ok – du bist ok) *fühlen* sich meistens auch ok, aber nicht immer. Sich in einer bestimmten Situation nicht ok zu fühlen, hebt die Lebensposition nicht auf, ebenso wenig wie ein momentanes ok-Gefühl in einer Situation die grundsätzliche nicht-ok-Einstellung aufheben kann. Wir halten fest: Menschen in der ersten Lebensposition sagen »ich bin ok«, ohne eine Bedingung daran zu knüpfen. Andere sagen etwa: »Ich bin ok, *wenn* du . . .« oder »ich bin ok, *sobald* du . . .«, aber diese Feststellung ist gleichbedeutend mit dem Satz: »Ich bin nicht ok, *außer, wenn* du . . .« und das ist eine klare Äußerung im Sinne der dritten Lebensposition: »Ich bin nicht ok, du bist ok«.

Die Entscheidung für die ok-Einstellung kann in jedem Lebensalter getroffen werden. Dafür ist es nie zu spät. Die Innere Kraft steht immer zur Verfügung. Schon allein der Wunsch, ok zu sein, ist ein Zeichen ihrer immerwährenden Anwesenheit.

Die Menschen, die sich für das ok-Sein schon – versuchsweise oder definitiv – entschieden haben, können die Entscheidung durch regelmäßige neue Bestätigung stärken. Solche wiederholten Bestätigungen halten den Inneren Kern offen und seine Energien im Fluß.

Manche Leute vollziehen die Entscheidung für das ok-Sein in einem einzigen Akt. Andere wachsen – weniger dramatisch – langsam und kaum merkbar in das ok-Sein hinein. Wieder andere, die in einer ok-Atmosphäre aufgewachsen sind, erkennen das ok-Konzept sofort, wenn es ihnen vorgestellt wird, und sie sagen: »Ja, natürlich, ich bin ok.«

Die Annahme der ersten Lebensposition ist eine persönliche Wahlentscheidung. Niemand kann dem anderen das ok-Sein »vermitteln« oder geben. Ok-Sein ereignet sich auch nicht zufällig, sondern es verlangt eine Entscheidung: Wie will ich mein Leben ansehen, wie gedenke ich mich zu meinen Mitmenschen zu verhalten? Mich selbst als ok anzunehmen, kann dem Erlebnis einer Bekehrung gleichkommen.

Nehmen Sie sich einige Augenblicke Zeit

Sehen Sie Ihre Lebensgeschichte vor sich, als zöge sie auf dem Bildschirm an Ihnen vorbei. Ganz allgemein – in welcher der vier Lebenspositionen würden sie sich im Blick auf Ihre Glaubenserfahrung sehen? Erleben Sie sich als ok, als befriedet, vertrauend, gesund? Oder als nicht-ok, furchtsam, ängstlich, bedrückt, entmutigt? Wenn Sie so die Geschichte Ihres Glaubens offen daliegen sehen, können Sie eine grundlegende Wandlung Ihrer Lebensposition erkennen? Würden Sie sie irgendwie verändern wollen?

Streicheln

TA zeigt uns, wie Menschen sich wandeln, wie sie von einer nicht-ok-Lebensposition zu einer Bejahung des ok-Seins gelangen können.

Eine echte Wandlung von der nicht-ok- zur ok-Einstellung vollzieht sich meist langsam mit viel ermutigendem Beistand von seiten des ER-Ichs, und sie wird ausgelöst durch viele Anreize (Streichelungen), die aus einem selbst und von anderen Menschen kommen. »Mit Hilfe einer Bedeutungserweiterung«, sagt Berne, »läßt sich der Begriff *streicheln* umgangssprachlich zur Bezeichnung jeder Aktion anwenden, mit der eine Anerkennung der Gegenwart verbunden ist. ›Guten Tag‹-Sagen ist ein Streicheln, ›Guten Tag‹-Entgegnen ist ein zweites Streicheln. Mit zwei solchen Streichelungen ist *eine* Transaktion vollständig«[13].

Wenn zwei oder mehrere Personen einander begegnen, wird einer von ihnen früher oder später ein verbales oder nicht-verbales Zeichen geben, daß er die Gegenwart des anderen wahrnimmt. Dieses Zeichen – meist ein Wort oder eine Geste – nennen wir einen *Transaktions-Stimulus*. Die Entgegnung des Partners heißt *transaktionale Reaktion*.

Die Theorie der TA sagt, der Stimulus sei jeweils eine Äußerung des EL-, ER- oder des K-Ichs des Betreffenden. Die Entgegnung des Partners drückt ebenso entweder sein EL-, ER- oder K-Ich aus.

Wenn zwei EL-Ichs zusammentreffen – EL-EL-Transaktion genannt –, werden sie vielleicht irgend etwas beklagen, angefangen vom Wetter bis hin zum Gottesdienst und der Predigt des letzten Sonntags. Oder sie unterhalten sich nostalgisch etwa über die guten alten Tage, als eine Maß Bier noch fünfzig Pfennig kostete, als die Kirche noch etwas zu sagen hatte, und die Geistlichen und die Choräle einen noch ergriffen haben. Oder sie hecheln alle Welt durch, vom Bischof bis zum Küster. Dabei werden aus dem nährenden EL-Ich hilfreiche Kommentare kommen, Kritiksucht und vorgefaßte Meinungen aus dem strafenden EL-Ich.

K-K-Transaktionen sind oft voll von emotionalen Äußerungen: von Haß und Liebe; die Dinge scheinen wie eine leichte Brise oder ein Sturm zu sein, sie sind übertrieben einfach oder schwierig. K-K-Unterhaltungen umfassen die ganze Tonleiter der Gefühle, von überschäumender Freude bis zur hoffnungslosen Depression. Dabei kommt die überquellende Freude aus dem natürlichen K-Ich, das sich ok fühlt; die Hoffnungslosigkeit drückt die Empfindungen des angepaßten K-Ichs aus, das sich nicht ok fühlt.

ER-ER-Transaktionen sind durch den Austausch von Informationen und »wie macht man das« charakterisiert. Unterhaltungen zwischen zwei ER-Ichs beruhen auf Fragen und Antworten. Ein ER-ER-Austausch enthält keine Bewertungen und beklagt nichts, er ist auch nicht von emotionalen Obertönen begleitet. Die Feststellungen sind meist verantwortlich auf das Hier und Jetzt bezogen.

Dies sind nur ganz wenige Beispiele für die zwischen Menschen möglichen Transaktionen.

Jeder Mensch sehnt sich danach, von anderen berührt und anerkannt zu werden. Diese Sehnsucht kann mit »streicheln« gestillt werden.

Positives Streicheln kann in Form von Anerkennung, Belohnung und Beifallsbezeigung geschehen, die befriedigende Gefühle auslösen. Hinzukommen kann eine physische Berührung oder etwa ein symbolischer Kontakt, z.B. eine Geste, ein Blick, ein paar geschriebene Zeilen usw. – irgendein Ausdruck für jenes »Ich weiß, du bist da und du bist ok«. Positives Streicheln, das ok-Gefühle auslöst, kann vom »Guten Tag« eines Vorübergehenden bis zum Ausdruck tiefster Intimität reichen.

Negatives Streicheln drückt jenes »Du bist da und du bist nicht ok« aus. Es kann in Form von Zurückweisung, Kritik und Mißfallen geschehen. Physischer Ausdruck dafür sind ein verächtlicher Klaps, sich abwenden, Stirnrunzeln, mit dem Finger drohen usw. Negatives Streicheln ruft gewöhnlich das Gefühl hervor, nicht ok zu sein.

Oft bleibt das Bedürfnis eines Menschen nach Berührt- und Wahrgenommenwerden ungestillt, weil er weder positives noch negatives Streicheln von seinen Mitmenschen erhält. Dieser Mangel kann seiner Persönlichkeit Schaden bringen. Meist wird das *Nicht-Wahrgenommenwerden* (keine Reaktion von den anderen) schlimmer empfunden als negatives Streicheln, denn dieses bezeugt wenigstens, daß man lebt und – wenn auch unwillkommen – da ist.

Positives Streicheln ist notwendig, um das ok-Sein emotional gesunder Menschen zu entwickeln. Das Ausüben positiven Streichelns ist eine erlernbare Fähigkeit. Experten hierfür braucht man in Heimen, Betrieben, in Schulen und Kirchen – überall, wo Menschen ok werden oder bleiben wollen.

Nehmen Sie sich einige Augenblicke Zeit

Was war das Netteste, das Ihnen je gesagt oder getan wurde, als Sie klein waren? Wenn Sie sich daran nicht erinnern können – was haben Sie sich damals gewünscht, das jemand tun oder zu Ihnen sagen sollte? Das positive Streicheln, das Sie empfingen oder nach dem Sie sich sehnten, als Sie klein waren, ist sehr wahrscheinlich auch heute noch das gleiche, und Sie halten noch immer danach Ausschau.
Was war das Schlimmste, das Ihnen in der Kindheit gesagt oder angetan wurde? Wenn Sie sich an so etwas nicht erinnern können – was hätten Sie damals als das Schlimmste befürchtet, das man Ihnen hätte sagen oder antun können? Das negative Streicheln, das Sie empfingen oder befürchteten, ist heute noch dasselbe, und wahrscheinich versuchen Sie, ihm aus dem Wege zu gehen.

Ok-Sein und Glaube

Entsprechend den vier Lebenspositionen gibt es vier verschiedene Einstellungen bei Glaubenden, vier allgemeine Möglichkeiten, wie sie das Leben und den Glauben ansehen können. Diese vier Einstellungen sind so breit gefächert, daß jeder Mensch darin seinen Platz findet – vom streitbaren Atheisten bis zum sanften Heiligen. Diese Glaubenseinstellungen sind parallel zu den vier Lebenspositionen und erhalten von ihnen ihre Namen.

Die erste Glaubenseinstellung: ich bin ok – du bist ok
   (Die vertrauensvollen Glaubenden)

Die zweite Glaubenseinstellung: ich bin ok – du bist nicht ok
(Die überheblichen Glaubenden)

Die dritte Glaubenseinstellung: ich bin nicht ok – du bist ok
(Die ängstlichen Glaubenden)

Die vierte Glaubenseinstellung: ich bin nicht ok – du bist nicht ok
(Die hoffnungslosen Glaubenden).

Die vertrauensvollen Glaubenden
(Ich bin ok – du bist ok)

Glaubende mit dieser Grundeinstellung haben eine hoffnungs- und vertrauensvolle Haltung dem Leben gegenüber: sie finden es lebenswert, sinn- und zweckvoll. Ihr Innerer Kern ist offen und frei. Diese Leute entdecken Zeichen des Wachstums und des Fortschritts in der Welt, sie finden unerwartete Fähigkeiten für Liebe und Vertrauen in sich und den anderen. Sie stehen in Fühlung mit der Inneren Kraft. Schon mit einem Sonnenuntergang können vertrauensvoll Glaubende einen religiösen Eindruck verbinden, ebenso, wenn sie ein kleines Kind im Arm halten, im Garten arbeiten oder mit alten Freunden ein Spiel machen.
In ihrer Beziehung zu den Mitmenschen erkennen die »ich bin ok – du bist ok«-Glaubenden, wie großzügig, fürsorglich und interessant die anderen sind. Sie sehen jeden als einmalig und wesentlich an für Gottes Werk in der Welt. Wie gute Hirten suchen sie das eine verlorene Schaf. Da sie jeden als ok ansehen, ist jede Transaktion für sie eine Möglichkeit, menschliches Wachstum zu erleben.
Diese Leute sind durch positive, annahmebereite und weltoffene Gefühle charakterisiert. Ihr Gefühl registriert Wandlungen in ihnen selbst und allen, die um sie sind, sie sind neugierig und fragen gern. Ihr Blickpunkt ist allgemein positiv, und sie haben es nicht nötig, zu hassen oder zu strafen

oder ängstlich zu sein, denn sie glauben, daß die Dinge im tiefsten Grunde ok sind. Auch wenn sie von Zeit zu Zeit in nicht-ok-Gefühle zurückgleiten oder wenn sie in ihrem ok-Sein einen momentanen Stillstand erleben, haben sie doch das Vertrauen, daß die ok-Gefühle schließlich jeden Menschen verwandeln werden, der diesen Gefühlen innerlich Raum zum Wachsen gibt. Ok-Glaubende sind den Nebenmenschen gegenüber annahmebereit – wie diese auch denken und handeln mögen –, weil sie wissen, daß Gottes Liebe und Vergebung sich jedem einzelnen Menschen zuwenden. Der Evangelist Johannes, ein vertrauensvoll Glaubender, der in Fühlung mit der Inneren Kraft stand, schrieb: »Das Licht scheint in der Finsternis, und die Finsternis kann es nicht auslöschen.«

Weil die vertrauensvoll Glaubenden sich in ihrer Beziehung zu Gott ok fühlen, fällt es ihnen leicht, jeden anderen Menschen in seiner besonderen Gestalt anzunehmen, die aus Gottes liebendem Wirken hervorgegangen ist. Jesus schenkte dem Zachäus das ok-Gefühl, indem er seinen Inneren Kern anrührte. Nun war Zachäus imstande, seine Mitmenschen für wertvoll und wichtig zu halten, und – als Ausdruck hierfür – zahlte er das von ihm betrügerisch eingenommene Geld vierfach zurück (Lk 19, 1–9). Er war neu geboren worden.

Vertrauensvoll Glaubende bestätigen, daß Gott zu jedem sagt: »Du bist ok.« Sie wissen sich von Gott geliebt, und aus dieser Überzeugung handeln sie. Sie tragen ein Licht und verbergen es nicht ständig unter einem Scheffel (Mt 5,15), sie haben »Talente« und vergraben sie nicht (Mt 25,18); sie haben Brotlaibe und Fische und sind bereit, sie mit anderen zu teilen (Mt 15,36).

Ihre religiöse Überzeugung beruht auf *Vertrauen, Reflexion und Aktion.*

Die Entscheidung, das von Gott gesprochene Wort »du bist ok« anzunehmen, erfordert *Vertrauen,* besonders dann, wenn aus irgend einem Grunde nicht-ok-Gefühle die Oberhand gewinnen wollen. Solche Gefühle können vom Abspielen alter nicht-ok-Videobänder aus dem strafenden EL-Ich oder aus dem angepaßten K-Ich herrühren, oder sie können von Ausstrahlungen anderer nicht-ok-Gefühle herkommen. Ok-Sein ist kostbar aber zerbrechlich und muß gehütet und gestärkt werden. Leuten, die ihr ok-Sein erst kürzlich »erworben« haben, fällt es manchmal schwer, es festzuhalten; sie bestrafen sich selbst mit Kritik aus ihrem EL-Ich, wenn sie rückfällig werden. Solche Menschen brauchen – wie kleine Kinder, die gehen lernen – Ermutigung durch ihre Mitmenschen.

Die neu erworbene Einstellung »ich bin ok – du bist ok« fordert zu *Reflexion* und Bewertung auf. Von hier aus wird der ok-Glaubende frei, frühere Videobänder des EL-Ich und des K-Ich zu überprüfen und diejenigen auszuschalten, die die Nicht-ok-Lebenspositionen stützen, und dafür all das auf den neuesten Stand zu bringen, was die positive Einstellung stärkt.

Die vertrauensvolle Glaubenseinstellung ist auch durch Entscheidungsbereitschaft und *Aktion* charakterisiert. Ok-Glaubende sind sich darüber klar, daß noch viel zu tun ist. Die Liste ihrer Aufgaben ist lang und fordert sie heraus: das persönliche Wachstum zu fördern, neue Grundlagen für das Verhältnis zu Gott und den Mitmenschen zu schaffen und all die Wandlungen vorzubereiten, die für die Heilung, den Aufbau und das Gestalten menschlicher Gemeinschaften und der Umwelt erforderlich sind.

Ok-Glaubende sind überzeugt davon, daß sie ein Recht darauf haben, da zu sein. Sie fühlen sich frei gegenüber sich selbst. Sie entwickeln erneuernde Lebensmöglichkeiten, in denen die Innere Kraft intensiv wahrgenommen werden kann. Auftauchenden Fragen oder Zweifeln begegnen sie mit ihrem vertrauenden ER-Ich, das die Aufgabe der Ergründung von Schwierigkeiten erfüllt.

Die überheblichen Glaubenden
(Ich bin ok – du bist nicht ok)

Menschen, die diese zweite Glaubenseinstellung haben, legen ein *überhebliches Verhalten* an den Tag, das in extremen Fällen an Haß grenzt – Haß gegen alles, was nicht zu ihnen oder zu ihrer religiösen Gruppe gehört. In Kindern wird solch eine Einstellung durch »Spiele« bestärkt, wie: »Meins ist besser« oder »das brauchst du nicht zu wissen« oder »schade, du bist nicht so tüchtig wie ich«. Glaubende, deren strafendes EL-Ich dominiert, gleiten sehr leicht in diese »besser als du«-Haltung ab. Ein überfürsorgliches EL-Ich drückt das »ich bin ok – du bist nicht ok« so aus: »Laß doch mich das an deiner Stelle tun« (d. h. »du kannst es ja nicht« oder »wie sollten wir von dir Kümmerling erwarten, daß du so etwas fertig bringst?«).

Glaubende, die »ich bin ok – du bist nicht ok« sagen, nehmen mit der Zeit die verächtliche, geringschätzige Gesinnung der Pharisäer an: »Nur wir kennen das Gesetz und die Hl. Schrift!« Glaubende dieser Art tragen ihren theologischen Scharfsinn oder ihre moralische Rechtschaffenheit öffentlich zur Schau. Sie »senden« ihre Botschaft »du bist nicht ok« vielleicht dadurch, daß sie sich in der Kirche nicht neben »solche Leute« setzen, mißbilligend auf ihre Kleidung gukken, deren weltliche Sprechweise kritisieren oder ihnen vorhalten, sie seien keine echten Gemeindeglieder. Im Gegensatz zu den vertrauensvollen Glaubenden, die nach Möglichkeit nur positives Streicheln vollführen, ist der überhebliche Glaubende ein Meister im Austeilen von negativem Streicheln. Diesen Leuten fehlt es an Feinfühligkeit gegenüber den Mitmenschen.

In extremen Fällen können überhebliche Glaubende destruktiv wirken. Tyrannisch veranlagte Menschen sind dann brutal gegen ihre Kinder, ihre Ehepartner und Freunde und gegen

Glieder der eigenen Gemeinde. Dadurch wird die nächste Generation in der Gemeinde vergiftet und der Haß weitergetragen. Manche überhebliche Glaubende rotten sich gar Waffen und Fackeln schwingend zusammen, um als eine Art religiöser Polizei das Leben von Glaubenden zu bedrohen, die anders eingestellt sind als sie.

Diese überheblichen Glaubenden entbinden sich selbst von jeder moralischen Verpflichtung. Ein von außen sie Beobachtender gewinnt den Eindruck, daß es ihnen an Gewissen manget; von ihrem Standpunkt aus ist aber alles, was sie tun, moralisch in Ordnung. Manche von ihnen erkennen für sich selber kein moralisches Gesetz an – »das betrifft mich nicht!« – oder aber sie stellen sich als Modell eines perfekten Gewissens hin.

Charakteristischerweise fühlen sich die »ich bin ok – du bist nicht ok«-Glaubenden *überlegen* und *rechtfertigen sich selber*. Das Gefühl der Überlegenheit haben sie, weil sie die einzigen ok-Glaubenden auf der Welt und daher die einzigen sind, deren Daseinsberechtigung außer Frage steht. Meist finden sie ohne weiteres eine Rechtfertigung für alles, was sie tun, denn sie selbst sind sich das Gesetz: Wahrheit heißt *ihre* Wahrheit. Daher sind ihnen religiöse Zweifel fremd, und selten diskutieren sie über religiöse Fragen. Sie tadeln und strafen jeden, der sich weigert, ihre Interpretation der Bibel anzunehmen.

Verborgen unter ihrem heiligmäßigen Gehabe sind die überheblichen Glaubenden oft hart und eng. Sie meinen, die anderen versuchten, in ihnen ein nicht-ok-Gefühl hervorzurufen, und deshalb halten sie hartnäckig an ihrem selbsterzeugten ok-Sein fest. In solchen Fällen erscheint zwar auf ihrem Gesich ein gewinnendes Lächeln, aber dahinter steht etwas anderes: »Dieser Knirps von einem Sünder! Wie darf der es wagen, mich anzuklagen! Dem werde ich eine Lektion erteilen, die er nicht vergißt!«

Gewisse religiöse Gruppen übernehmen als Kollektiv die überhebliche Einstellung »wir sind ok – alle anderen sind nicht ok«. Geläufigere Vergleiche zwischen ihnen und anderen können dann so lauten: »Wir haben recht, ihr habt unrecht« oder »unsere Kirche ist die beste« oder »ihr könnt nur gerettet werden, wenn ihr zu unserer Gemeinschaft herüberkommt«. Extreme Formen der überheblichen Glaubenseinstellung kommen auch in anderen Gruppen vor, so z.B. im Ku Klux Klan, bei den Hexenjägern, Inquisitoren, Kreuzzüglern und ähnlichen Unternehmungen.

Wenn man überhebliche Glaubende nach der Erlösung oder nach ihrer Beziehung zu Gott fragt, vereinnahmen sie Gott für sich und denken dabei etwa so: »Leute meinesgleichen werden zu den Auserwählten gehören« (»Gott und ich sind ok – alle anderen sind nicht ok«).

Wieder andere weisen die Frage der Erlösung mit einer Handbewegung von sich: »Ich frage nicht danach, ob Gott mich ok findet oder nicht. Ich brauche keine Erlösung und bin vollauf zufrieden mit mir, so wie ich bin. Ich brauche keinen Gott, der mich für ok erklärt« (»Ich bin ok – Gott und alle anderen sind nicht ok«).

Im ersten Fall nimmt der Mensch Gott für seine eigene Seite in Anspruch, und alle anderen stehen auf der anderen Seite. Im zweiten Fall stellt er Gott auf die Seite der ganzen übrigen Welt, die nicht ok ist.

Die ängstlichen Glaubenden
(Ich bin nicht ok – du bist ok)

Ängstliche Glaubende haben ganz allgemein dem Leben gegenüber ein Gefühl der *Unsicherheit und Minderwertigkeit* – »ich bin hilflos und minderwertig, mein Leben ist nicht viel wert« –, und diese Einstellung greift oft auch auf ihr Glaubensleben über. Z.B. sind diese Menschen ihrer Sache nicht sicher, wenn sie etwas tun wollen oder sollen. So fragen sie etwa beim Pfarrer telefonisch an, ob es richtig sei, dem Abgeordneten im Parlament zu schreiben, damit dieser die Gefängnisreform vorantreibt. Andere lehnen eine verantwortliche Mitarbeit in der Gemeinde oder im Betrieb ab aus Sorge, sie könnten »es falsch machen«. Und selbst, wenn sie die Verantwortung dann doch übernehmen und Erfolg haben, betonen sie eher ihre Unzulänglichkeit, indem sie aufzählen, was alles chief gegangen sei und fügen hinzu: »Herr Schmidt hätte die Sache sicher viel besser gemacht als ich.«

Da alle anderen Menschen ok sind, meint der ängstliche Glaubende, es müsse ihnen besser gehen als ihm: »Willi hat eine volle theologische Ausbildung; Marianne hat, was Mission betrifft, Erfahrung von ihren Jahren in Afrika; Fred ist seit Jahren Mitglied im Kirchenvorstand; Norbert weiß, wie man eine Arbeitsgemeinschaft zusammenkriegt; Monika war in der Zeitung abgebildet, nachdem sie an der Neuplanung von Sozialwohnungen für die Innenstadt mitgearbeitet hat. Und in all diesen Jahren hab ich nichts fertig gebracht. Alle anderen sind bessere Gemeindeglieder und haben einen stärkeren Glauben als ich.«

Da der ängstliche Glaubende zu den anderen aufschaut – oft in unrealistischer Weise –, findet er etwa auch die Glaubensansichten anderer Menschen besser und übernimmt deren Wertmaßstäbe anstelle der eigenen. Die »ich bin nicht ok – du bist ok«-Glaubenden suchen Anerkennung und hoffen, ein gutes Wort von einer ok-Person würde sie von der Ängstlichkeit befreien, so daß sie bessere Christen würden. Aber meistens wird durch solches positives Streicheln nur ein momentanes ok-Gefühl erzeugt. Sobald die Wirkung des Streichelns verblaßt, kehrt die Ängstlichkeit wieder, und nun sind die nicht-ok-Glaubenden womöglich noch mehr als vorher von ihrer Unsicherheit und Unzulänglichkeit überzeugt.

Für die nicht-ok-Glaubenden ist es bezeichnend, daß sie sich unzulänglich und entmutigt fühlen. Während andere in ihrem Glauben persönliche Befriedigung und Hilfe finden, ernten die Ängstlichen nur Unkraut – Fehlschläge, Sünden, Zweifel, Versuchungen –, sie meinen zum Glauben zu unwissend und unfähig zu sein. Manche von ihnen langweilen sich vielleicht im Gottesdienst; manche lassen sich immerfort ablenken, wenn sie zu beten versuchen; andere fühlen sich geängstigt, wenn sie in der Bibel lesen. Und gleichzeitig sehen sie, wie andere Leute in ihrem Glauben Liebe, Freude und Hoffnung erleben. Dieser Kontrast macht den ängstlichen Glaubenden noch ängstlicher und regt ihn auf. Einer dieser nicht-ok-Glaubenden drückte es so aus: »In der Kirche schaue ich mich um: die Menschen sind im Gebet versunken, sie singen begeistert, sie sind mit Gott in Fühlung. Jahrelang habe ich mich nach solchen Erlebnissen gesehnt, nach etwas, das mich zutiefst befriedigen könnte. Stattdessen empfinde ich immer die alte, innere Leere. Und ich bin tief entmutigt.«

Im allgemeinen vollzieht sich das Glaubensleben der nicht-ok-Glaubenden in Furcht und Zittern. Hölle und Strafe erheben sich drohend vor ihnen. Sie fragen sich: »Wie könnte Gott jemals zu mir sagen: du bist ok?« Sie spekulieren: »Vielleicht werde ich niemals gerettet werden.«

Während einer Predigt über Gottes Liebe konzentrieren sich diese Ängstlichen auf die wenigen Worte über die Sünde, die der Pfarrer fallen läßt. Andere nicht-ok-Glaubende lesen vielleicht in einem Buch Beschreibungen von menschlichem Versagen und Sündhaftigkeit und wenden nun diese negativen Qualitäten betont auf sich selber an. Für viele ängstlich Glaubende ist die Suche nach der befriedigenden Glaubenserfahrung wie ein schwieriger Aufstieg, sie sind in dauernder Sorge, abzugleiten, zurückzufallen in die Hölle des nicht-ok-Seins. Manche sagen einfach: »Ich bin nichts wert« und erlauben der Inneren Kraft nicht, durch ihren Inneren Kern zu strömen.

Diese dritte religiöse Einstellung (ich bin nichts wert – nur alle anderen sind es) ist heutzutage eine unter den Glaubenden sehr weit verbreitete Position. Vielleicht ist sie besonders häufig unter den Christen anzutreffen, die das Wort von der bedingungslosen, liebenden Annahmebereitschaft Gottes nicht hören wollen, wie es z.B. im Gleichnis vom verlorenen Sohn (Lk 15,11–32) und in der Geschichte von der Frau am Jakobsbrunnen (Joh 4,1–42) verkündet wird. Angesichts dieser liebevollen Einladung antworten die ängstlichen Glaubenden etwa: »Mich kann Gott ja doch nicht meinen« oder »Vielleicht verdienen es die anderen, aber ich nicht« oder »Ich bin noch kein Heiliger«. Sie kasteien sich mit Gebeten, die etwa so lauten: »Ich bin nicht wert, die Brotsamen unter deinem Tisch aufzulesen« oder »Gehe von mir hinaus, o Herr, denn ich bin ein sündiger Mensch«.

Leute dieser Art neigen dazu, selektiv zu hören und das zu lesen, was ihre nicht-ok-Einstellung bestärkt. Zweifler werden noch mehr Beweise finden, weiterhin zu zweifeln; Entmutigte werden Material finden, das sie in ihrer Entmutigung bestärkt; der Ängstliche wird Tatsachen und Theorien sammeln, seine Furcht noch zu steigern.

Da so viele religiöse Menschen die Position »ich bin nicht ok – du bist ok« einnehmen, herrscht kein Mangel in Wort und Schrift, diese ungesunde Einstellung noch zu unterstützen und sie in weitere Gruppen eindringen zu lassen.

Die verzweifelten Glaubenden
(Ich bin nicht ok – du bist nicht ok)

Die Lebenseinstellung derer, die diese vierte Glaubensposition einnehmen, ist von Verzweiflung gezeichnet. Sie nehmen die Innere Kraft nicht wahr und glauben nicht an das ok-Sein in sich selbst; und weil sie auch bei keinem anderen Menschen ein ok-Sein wahrnehmen, vielleicht nicht einmal bei Gott, so ist niemand da, der ihnen oder sonst jemandem ein ok-Sein zusprechen könnte. »Das Leben ist wertlos«, sagen sie, »und wir können nichts daran ändern.« Sie haben das Gefühl, verschüttet zu sein, und sind in jedem Sinne der Verzweiflung nahe.

Oft leiden diese Hoffnungslosen an einem extremen Mangel an »Streicheln«, den sie in ihrer Vergangenheit erlitten. Vielleicht haben sie, als sie ganz klein waren und in der späteren Kindheit, kaum oder nie etwas Positives an Glauben erfahren, und – wie Pflanzen, deren Wurzeln schon vertrocknet sind – sind sie jetzt anscheinend unfähig, irgendwelche Nahrung aufzunehmen.

Sie nehmen nur wahr, wie wirkungslos positives Streicheln bleibt, und so meinen sie, es habe für sie keinen Sinn oder Wert, sich anderen Menschen positiv zuzuwenden.

In der Regel sind ihre Beziehungen freud- und glücklos. Daher ist ihre Haltung anderen gegenüber: »Niemand ist ok. Niemand kann irgend etwas daran ändern.«

Diese Hoffnungslosigkeit bringt im Extrem das Gefühl hervor: »Jeder ist nur darauf aus, nach Möglichkeit jedem wehzutun und zu schaden. Niemand, auch Gott nicht, kümmert sich um irgend jemanden.«

Ein pessimistischer, jedoch gläubiger Mann, der sich zur Kirche hielt, sagte: »Sehen Sie sich doch die Wunder Jesu an. Das Volk behandelte ihn nicht besser als eine Attraktion auf dem Jahrmarkt. Die Menge wollte sich gar nicht anrühren oder bekehren lassen, nur Unterhaltung wollte sie.«

Eine alte Frau sagte zu ihrem Pfarrer: »Die Welt ist heute nicht besser als zu Noahs Zeiten. Das beste, was Gott tun könnte, wäre, die Welt zu vernichten.«

Die Hoffnungslosen, die an niemandes ok-Sein glauben, nähren in sich das Gefühl, hintergangen zu werden, und sind deshalb kalt gegenüber ihren Mitmenschen. Ihr Tun verrät die Einstellung: »Ich geb's auf« oder »Bleib mir vom Leibe«. Ihre

Kaltherzigkeit kommt daher, daß sie überzeugt sind, die anderen Menschen hätten keine Wärme. Wenn ihnen Liebe und Zuneigung entgegengebracht wird, halten sie das für Heuchelei. Eine Frau drückte das so aus: »Wenn es den Anschein hat, jemand wolle sich wirklich um dich kümmern, dann schau nur näher hin: du wirst schon sehen, daß ein egoistisches Motiv dahinter steckt.«

Viele Leute dieser Art sind überzeugt, daß der Kontakt zu anderen Menschen nur die große Summe von nicht-ok-Gefühlen in der Welt vergrößere, und daher verstecken sie sich und halten jeden anderen auf Distanz. Manche sagen: Jedesmal, wenn ich Kontakt mit den Menschen aufnehme, kehre ich nach Hause zurück mit dem Gefühl, mein Menschsein habe gelitten.«

Andere hoffnungslose Glaubende sind offensichtlich darauf bedacht, wie sie ihre Mitmenschen strafen können. Da nach ihrer Meinung niemand ok ist, sollte jeder wegen seiner Bosheit und Gottlosigkeit zur Rede gestellt werden. Infolgedessen sehen sie in jedem den »Gerichtsvollzieher« – die Mütter und Väter, die Geschwister und Freunde, die Pfarrer, ja sogar Jesus selbst – und sie verwickeln sie in destruktive »Spiele«. »Die Regel heißt: töten oder getötet werden«, sagen sie, »wenn du versuchst, mir klarzumachen, ich sei nicht ok, werde ich's dir schon heimzahlen.«

In beiden Fällen – als Bösewichter oder als Kommandotruppe – sind diese Leute der vierten Glaubensposition deshalb so verzweifelt, weil sie meinen, die Menschheit gleite strudelnd in die Zerstörung hinab. Sie sind überzeugt, daß das Leben niemals besser, nur noch schlimmer werden kann.

Wenn sie nach ihrer Einstellung zur Erlösung oder nach ihrer Beziehung zu Gott gefragt werden, antworten sie etwa so: »Ich kann nicht erlöst werden. Niemand wird erlöst. Wir alle sind bis auf den Grund verdorben. Zu uns allen sagt Gott: Ihr seid nicht ok.«

»Wenn ich überhaupt an Religion denke«, schrieb Oscar Wilde in einer Zeit des Unglaubens, »würde ich gern für die, die nicht glauben können, einen Orden gründen. Man könnte ihn die Bruderschaft aller Vaterlosen nennen; an dem Altar, auf dem keine Kerze brennt, würde ein Priester, in dessen Herz kein Friede wohnt, die Messe mit ungesegnetem Brot zelebrieren und mit einem Kelch, in dem kein Wein wäre.«

Bevor Oscar Wilde starb, nahm er die Verbindung zur Inneren Kraft wieder auf und erlebte den Frieden und die Freude des vertrauensvoll Glaubenden. Er war wiedergeboren worden.

Abb. 4 faßt die vier hauptsächlichen Glaubenseinstellungen und die entsprechenden charakteristischen Verhaltensweisen zusammen.

Abb. 4. *Die vier Lebenspositionen und der Glaube*

Allgemeine Glaubens- haltung des Glaubenden	Einstellung zum Leben im Allge- meinen	Einstellung anderen Menschen gegenüber	Charakteri- stische reli- giöse Gefühle	Einstellung gegenüber der Erlösung
Der vertrau- ensvoll Glaubende Ich bin ok – Gott und die anderen sind auch ok.	Das Leben *ist* lebens- wert.	Die anderen sind prima – ich sorge für sie, habe Interesse für sie und Spaß mit ihnen.	Ich fühle mich der ganzen Welt verbunden.	Ich weiß, die ganze Schöpfung ist erlöst – dich und mich einge- schlossen.
Der überle- gene Glau- bende Ich bin ok, die anderen sind nicht ok (Gott kann ok oder nicht ok sein).	Ich bin wich- tig, aber dein Leben ist nicht viel wert.	Zu schade, daß die an- deren nicht begreifen, wie die Dinge wirk- lich sind.	Die Men- schen wissen nicht genug, um meinen Rat zu schätzen.	Ich allein verdiene es gerettet zu werden (Gott ist ok), oder: Ich brauche keine Erlö- sung (Gott ist nicht ok).
Der ängst- liche Glau- bende Ich bin nicht ok – Gott und die an- dern sind ok.	Ich bin hilf- los und un- terlegen. Mein Leben ist nicht viel wert.	Du bist stark und überle- gen, besser dran als ich.	Ich fühle mich ängst- lich, als Ver- sager, dumm.	Ich muß mein Leben durchstehen mit Furcht und Zittern.
Der verzwei- felte Glau- bende Ich bin nicht ok – Gott und die an- deren sind nicht ok.	Das Leben ist nicht viel wert, und ich könnte dar- an auch nichts ändern.	Niemand kann die Dinge in Ordnung bringen.	Ich gebe es auf. Bleib du auf Distanz. Laß mich in Ruhe!	Ich kann nicht geret- tet werden.

Nehmen Sie sich einige Augenblicke Zeit

Stellen Sie sich vier Menschen vor, die diese verschiedenen Lebenspositionen einnehmen: einen vertrauensvollen, einen überheblichen, einen ängstlichen und einen verzweifelten Glaubenden.

Schreiben Sie für jeden dieser vier Glaubenden ein kurzes Gebet, wie er beten würde.

Vergleichen Sie diese vier Gebete und fragen Sie sich, welches dieser vier Gebete wohl am ehesten das Ihre sein könnte.

Möchten Sie eine Änderung im Blick auf Ihre Lebenseinstellung vornehmen?

5 WER IST ABER NUN EIN TREUER UND KLUGER DIENER DES HERRN?

Matthäus 24,25

Die Verhaltensweisen der Glaubenden

und warum sie so geworden sind

Was kann ich tun?

Manche Menschen verwenden einen großen Teil ihrer Zeit dazu, anderen Leuten zu Gefallen zu leben. So sagen sie etwa: »Brauchst du irgend etwas?« »Kann ich dich irgend wohin fahren?« »Kann ich sonst noch etwas für dich tun?«

Was Menschen tun, offenbart häufig, wer sie sind und was sie motiviert. Ihre Handlungen tragen zur Gestaltung ihrer Persönlichkeit und auch ihres religiösen Lebens mit bei.

»Was will Gott, daß ich tun soll?«

Glaubende Menschen wollen treue, wahrnehmungsfähige und kluge Diener ihres Herrn sein, und sie fragen sich deshalb häufig: »Was kann ich tun, um Ihm zu gefallen?«

Psychologisch gesprochen: die Handlungen und die Motive der Glaubenden sind stark von ihrer Lebensposition her beeinflußt: Das ok-Sein oder nicht-ok-Sein erklärt vieles von dem, wie und warum sie sich so verhalten.

Das Verhalten der vertrauensvollen Glaubenden
(Ich bin ok – du bist ok)

Die erste Glaubenposition ist die einzige, aus der heraus der Glaubende eine ethische Entscheidung treffen kann, die *bewußt reflektiert ist*, d.h. seine Erfahrung, Informationen und sein Gefühl sind zu Rate gezogen und haben zu dieser Entscheidung mit beigetragen.

Vertrauensvolle Glaubende sind bereit, die Verantwortung für ihr Verhalten und ihre Gefühle voll zu übernehmen. Trotz mancher nicht-ok-Gefühle, die sie möglicherweise in sich und um sich herum vorfinden, entscheiden sie sich bewußt dafür, zu glauben, daß sie in ihrem Inneren Kern ok sind: »Obwohl wir viele Fehler und Schwächen haben, sind wir doch ok.« Überzeugt davon, daß Gott sie liebt und annimmt, wie sie sind, können sie es sich leisten, positiv, offen und annahmebereit zu sein. Ihre Offenheit wird durch das Wissen gestärkt, daß es »Menschen auf dieser Welt gibt, die mich wirklich ernst nehmen«.

Das ok-Sein ist ihre fundamentale Position, von der aus sie sich für das Leben entscheiden. Vertrauensvolle Glaubende überlegen, was es heißt, ein »treuer Diener« zu sein, und sie handeln danach.

Vertrauensvolle Glaubende sind bereit, zu experimentieren und zu forschen. Ihre ethische Richtschnur ist nicht nur negativ – Sünden zu meiden und Pflichten zu erfüllen –, sondern sie ist mehr auf das Positive gerichtet: auf das Schöpferische, das auszuführen sie imstande sind. Sie sind bereit, neue Wege zu entdecken, auf denen sie ihre Liebe, ihr soziales Engagement und ihren Wunsch, selber geistlich zu wachsen und weiter zu kommen, beweisen können.

Ok-Glaubende haben die Freiheit, neue Formen für das Gebet und den Gottesdienst zu finden; sie sind dabei von der Hoffnung bewegt, anderen Menschen in ihrem Glaubensleben weiterzuhelfen. »Gott gab uns die Welt«, so sagen sie, »damit wir alles liebevoll und schöpferisch in Gebrauch nehmen. Welch schöne Aufgabe!«

Im Verhalten und im Gespräch wirken die vertrauensvollen Glaubenden als Menschen, die sich erreichbare Ziele setzen. Es ist charakteristisch für sie, daß sie auch an der Gegenwart und Zukunft der Gesellschaft interessiert sind: sie arbeiten bereitwillig und höchst engagiert an kirchlichen Vorhaben mit, halten ihre Begeisterung und ihr Interesse wach für soziale Aktionen und stellen sich gern zur Verfügung, wenn die Situation es erfordert.

In kirchlichen Aktionsgruppen sind sie wertvolle Mitarbeiter. In Diskussionen stellen sie konstruktive Fragen, und für gewöhnlich verfügen sie über nützliche Informationen, die sie bereitwillig mitteilen. Man arbeitet gern mit ihnen zusammen. »Daran wird jedermann erkennen, daß ihr meine Jünger seid, wenn ihr Liebe untereinander habt« (Joh 13,35).

Was ihre Glaubenshaltung anbelangt, so verschwenden die vertrauensvollen Glaubenden selten ihre Energie darauf, nutzlosen Schuldgefühlen nachzuhängen. Meist tut es ihnen aufrichtig leid, wenn sie etwas falsch gemacht oder jemanden verletzt haben; sie nehmen die Verzeihung an und wenden sich mit erneuter Kraft den nächstliegenden Aufgaben zu. Sie halten ihre Mitmenschen für fähig und gut auch dann, wenn es diesen selbst schwer fällt, sich ebenso positiv zu sehen, wie sie von den vertrauensvollen Glaubenden gesehen werden.

Warum die vertrauensvollen Glaubenden so sind
(ich bin ok – du bist ok)

Die »ich bin ok – du bist ok«-Glaubenden erfreuen sich fast unerschöpflicher Quellen positiver Motivation. Sie glauben ganz fest daran, daß *Menschen sich verändern und wachsen können*, und daß jeder in seiner Selbstverwirklichung noch weiterkommen kann. Aus diesem Grunde studieren viele der vertrauensvollen Glaubenden Psychologie und andere Wege menschlicher Entwicklung; andere gehen in die soziale Arbeit, werden Lehrer, Berater, Pfarrer; wieder andere pflegen mit anderen zusammen gemeinsame Interessen und Hobbys. Ok-Glaubende sind meistens imstande, diese und viele andere Interessen als Wege anzusehen, auf denen Menschen zu positiver Veränderung und zu Wachstum verholfen werden kann.

»Ich bin ok – du bist ok«-Glaubende finden in jeder Situation einen Grund zur Hoffnung. Überzeugt, daß dieses ok-Sein die stärkste Stütze im Leben ist, wünschen sie, daß möglichst viele Menschen diese »ich bin ok – du bist ok«-Einstellung im Glauben mit ihnen teilen.

Ein Ziel, das die vertrauensvollen Glaubenden am intensivsten erstreben, ist mitzuhelfen, daß *Menschen im ok-Sein bleiben.* Sie wissen, daß deren Überzeugungen und Glaubensinhalte – wie auch ihre eigenen – sehr zerbrechlich sein können. Von den nicht-ok-Gefühlen all der Leute ringsum geht die Gefahr einer Ansteckung aus. Infolgedessen sind die ok-Glaubenden daran interessiert, Wege zu erkunden, auf denen das eigene ok-Sein und das der Mitmenschen genährt werden kann. Sie suchen nach Gelegenheiten, den anderen positives Streicheln zu geben, damit in jedem Einzelnen die Innere Kraft sich voll entfalten kann.

Jesus betete: »Ich habe ihnen deinen Namen kundgetan und werde ihn kundtun, auf daß die Liebe, mit der du mich liebst, in ihnen sei und ich in ihnen« (Joh 17,26).

Andererseits realisieren ok-Glaubende, daß niemals eine Notwendigkeit vorliegt, jemanden zu vernachlässigen, sich nicht ok zu fühlen. Daher vermeiden sie negatives Streicheln oder andere Handlungen, die einer Aburteilung des anderen gleich kommen.

Vertrauensvolle Glaubende lassen sich nicht in die destrukti-

ven »Spiele« hineinziehen, die so häufig von Menschen gespielt werden[14]. Wenn jemand solch ein Spiel einleitet, das
darauf abzielt, in anderen nicht-ok-Gefühle zu erzeugen,
versuchen ok-Glaubende, das Spiel zu einer direkten und
produktiven Transaktion zu verändern.

Jesus wies die Pharisäer zurecht und gab dann seinen Jüngern
den Rat, deren Überheblichkeits-Spiel nicht nachzuahmen.
Jesus wünschte, es sollte unter den Aposteln keine Hackord-
nung herrschen: »Der Größte unter euch soll euer Diener
sein« (Mt 23,8–11).

Das Verhalten der überheblichen Glaubenden
(Ich bin ok – du bist nicht ok)

Die überheblichen Glaubenden neigen dazu, ein moralisches
System zu entwickeln, dessen Mittelpunkt sie selber sind und
in dem ihre Wünsche als absolute Befehle gelten. Überhebliche Glaubende meinen, sie und ihresgleichen seien *die* einzigen »treuen Diener«. Solch eine Gesinnung entsteht auf
zweierlei Art:

1. Manche Leute wurden vielleicht zu überheblichen Glaubenden, weil sie in ihrer Kindheit von überstrengen Eltern
und anderen Erwachsenen fortwährend schlecht behandelt
wurden. Nur, wenn man sie in Ruhe ließ, fühlten sie sich ok.
»Ich bin ok, solange ich allein bin«, sagt das geschlagene
Kind, »alle anderen sind nicht ok und versuchen, mich auch so
nicht-ok zu machen, wie sie selber sind; aber ich werde es
ihnen zeigen, ich werde *ganz allein ok* sein.«

2. Manche Leute werden zu überheblichen Glaubenden, weil
sie in ihrer Kindheit immerfort angenehme Vergleiche zu
hören bekamen, z. B. »du bist klüger, besser, hübscher, Gott
wohlgefälliger als jeder andere«. Diese Art der Konditionierung kann einen Menschen dazu bringen, sich für besser und
wertvoller als irgend jemand sonst zu halten.

Ethische Entscheidungen kommen bei überheblichen Glaubenden *unreflektiert* zustande, weil sie im allgemeinen durch einen Prozeß bestimmt sind, der seine Wurzeln in der Kindheit hat. Sie haben sich das überhebliche Verhalten angeeignet, weil es ihnen durch andere aufgezwungen wurde, entweder durch Schläge oder durch ständige unrealistische Vergleiche.

Solche Menschen waren niemals in der Lage, sich aufrichtig ein zutreffendes Bild von den Tatsachen zu machen. Ohne Überprüfung und Beweis haben sie die ganze Welt und alle Menschen verdammt, sich selbst ausgenommen.

Bei manchen geschah diese Verurteilung wahrscheinlich schon in weit zurückliegender Zeit, als das dreijährige Kind verprügelt in seinem Bett lag; und später wurde die Welt nie mehr einer neuen Beurteilung unterzogen.

In anderen Kindern entstand diese Verurteilung auch, als sie drei Jahre alt waren und eine übereifrige Mammi ihrem kleinen Sohn versicherte: »Denk immer daran: niemand auf der Welt ist so gut und schön wie du, mein vollkommenes Baby. Du bist so liebenswert, und alle anderen Menschen taugen nichts.« Das Kind war damit wahrscheinlich sofort – unreflektiert – einverstanden, und von diesem Augenblick an war die Verurteilung der Welt beschlossene Sache und wurde für das ganze Leben beibehalten.

Da überhebliche Glaubende ihre moralischen Entscheidungen unreflektiert, ohne Beteiligung ihres ER-Ichs treffen, können sie sich auch nicht der Freiheit ihres Gewissens erfreuen (eine Fähigkeit, die fast ausschließlich dem ER-Ich vorbehalten ist).

Im Verhalten und im Gespräch vermitteln überhebliche Glaubende ihre »ich bin ok – du bist nicht ok«-Botschaft auf mancherlei Art. Im allgemeinen haben sie keine Bedenken, Leben und Hoffnungen anderer zu zerstören. Manchmal stampfen sie, schrecklichen Riesen gleich, herum und verletzen mit Worten, die blutigen Schwertern gleichen, einen jeden, der in Reichweite ist. Oft überschütten sie ihre Mitmenschen mit einem Hagelschauer von Tadel und Verdammung, für sich selbst aber und ihr Verhalten haben sie nur Lob.

Keiner kann es ihnen recht machen. Auch wenn sie einmal – widerstrebend – ein Lob aussprechen, lernen die anderen doch auf den Haken zu achten, der am Ende sitzt. »Diesmal, Karl, hast du es ja ganz gut gemacht, aber wie ich dich kenne, wirst du beim nächsten Mal alles wieder verderben.«

Niemand und nichts rangiert bei ihnen höher als ihre eigenen Wünsche und Gefühle. Pfarrer in höheren Positionen und Kirchenleitungen züchten oder werben sich z.B. eine Schar von Menschen, die freudig alles begrüßt, was sie tun. Jeder Untergebene, der es wagt, zu widersprechen, sollte sich am besten sofort aus dem Staube machen und nie wieder erscheinen.

Jesus beobachtete, wie die Pharisäer diese Überlegenheitstaktik dem damaligen jüdischen Volk gegenüber anwandten: »Sie predigen, handeln aber selbst nicht danach (überhebliche Glaubende *nehmen sich selbst von der moralischen Verpflichtung aus*); sie packen schwere und unerträgliche Lasten und legen sie den Menschen auf den Hals (überhebliche Glaubende *sehen ihre Wünsche als absolute Befehle an*); aber sie selbst wollen diese Lasten nicht mit einem Finger bewegen (überhebliche Glaubende *verstehen sich selbst als Mittelpunkt und Haupt ihres moralischen Systems*).«

Warum die überheblichen Glaubenden so sind
(Ich bin ok – du bist nicht ok)

Der »Ich bin ok – du bist nicht ok«-Glaubende gibt sich überlegen und hart und handelt oft, als wäre er die einzige ok-Person der Welt. »Ich fühle mich bestätigt, ich weiß es, denn ich habe die Regeln aufgestellt, und ich interpretiere sie auch.« Oft fühlen sie sich verpflichtet, auch weiterhin so überlegen zu sein, da die Kirche ihrer Überzeugung nach ohne sie zerbrechen würde.

Viele Überhebliche haben zwar die Amtstracht an, fragen aber überhaupt nichts nach Gott. Denn wie sehr sie ihre Phantasie auch anstrengen: nicht einmal Gott kann wichtiger sein als sie. »Ich bin ok, Herr«, sagen sie etwa. »Ich kann mich selbst beurteilen. Und du, Gott, bist nicht ok, denn du weißt wirklich nicht, was gespielt wird.«

Von Zeit zu Zeit wird ihre Position der Überlegenheit natürlich in Frage gestellt. Fromme Leute entdecken häufig, daß auch andere Fromme sich für überlegen halten, und dies kann zu einer Kraftprobe führen. Die Religionsgeschichte kennt eine Unzahl von Glaubenden, die durch Inquisitionen hingerichtet wurden, z.B. bei Hexenjagden und Kreuzzügen u.a. In einer solchen Situation sagen die Überheblichen gewöhnlich: »Andere mögen versuchen, mich zu ändern, aber ich bin hart und zäh. Ich werde ihnen zeigen, wer recht hat.«

»Ich bin ok – du bist nicht ok«-Glaubende haben aber auch starke negative Gefühle, wenn wir daran denken, daß manche von ihnen während ihrer ganzen Säuglingszeit und Kindheit Schläge bekamen bzw. anderen fortgesetzt vorgezogen wurden. Obwohl sie sich jetzt aus einer Überlegenheitsposition kräftig wehren, erleben die Geschlagenen als Erwachsene weiterhin, daß sie geschlagen werden, während die Vorgezogenen Enttäuschungen verschiedenster Art erfahren. Wenn z.B. ihr schlauer Plan sich nicht ihren Erwartungen gemäß entwickelt, dann führen diese Leute etwa ins Feld, das Wetter sei gegen sie gewesen oder Alter und Krankheit hätten sie zur Verzweiflung gebracht. Manche dieser überlegenen Glaubenden leugnen eher ein hohes Fieber, als daß sie zugeben, daß sie auch nur sterbliche Menschen sind. »Ich kann meine Wunden selber lecken«, sagt ein solcher Mensch in Erinne-

106

rung an die Brutalitäten seiner Kindheit. »Ich kann mich selber trösten; wenn ihr mich in Ruhe laßt, dann geht es mir gut!«

Das Verhalten der ängstlichen Glaubenden
(Ich bin nicht ok – du bist ok)

Ängstliche Glaubende treffen meist ethische Entscheidungen, die stark von dem negativen Bild bestimmt sind, das sie von sich selbst haben. Die unzähligen, seit frühester Kindheit im Gehirn gespeicherten negativen Eindrücke wie »Kannst du denn gar nichts richtig machen?« oder »Dein Bruder ist tüchtiger als du« oder »Ich kann dir nicht trauen« sind die Ursache für diese *unreflektierten ethischen Entscheidungen.* Oft beruhen sie auf der überwältigenden, gefühlsbedingten Überzeugung, unzulänglich, unterlegen und wertlos zu sein: »Ich hatte immer schon unrecht, also muß ich auch jetzt unrecht haben« oder »Ich habe nie etwas wirklich Gutes getan« oder »Ich bin nicht liebenswert«. Obwohl sie glauben, daß Gott den Menschen allgemein das ok-Sein zuspricht, können die ängstlichen Glaubenden sich nicht davon überzeugen, daß Gottes liebevolle Annahme auch ihnen gilt. Immerfort sind sie in Sorge darüber, ob sie auch »treue Diener des Herrn« sind.

Da sich die ängstlichen Glaubenden fast ständig nicht ok fühlen – und dabei unglücklich sind –, halten sie stets nach Möglichkeiten Ausschau, wie sie zu ok-Gefühlen kommen könnten. In der Regel sind sie überzeugt, daß ok-Gefühle nur von ok-Leuten herkommen können; und so halten sie Ausschau nach irgend jemand, der ihnen möglichst viel positives Streicheln geben könnte.

Aber oft ist ihr nicht-ok-Zustand so tief eingefleischt, daß alles Streicheln, das sie bekommen, sie niemals zu den ok-Menschen macht, die sie so sehnlich sein wollen. Ein Streichelregen, der eine ok-Person in einen Zustand permanenter Ekstase versetzen würde, läuft an ihnen ab wie Wasser an einer Regenhaut.

Kein Streicheln – so häufig und so positiv es auch wäre – könnte einen nicht-ok-Menschen jemals so ok machen, wie er es erhofft. Menschen werden nicht einfach durch eine Reihe guter Gefühle ok oder dadurch, daß jemand anderer ihnen einredet, daß sie ok seien. TA geht davon aus, daß zum ok-Werden eine persönliche, freiwillige Entscheidung gehört, die der Inneren Kraft erlaubt, durch den Inneren Kern zu strömen. Sich für ihr ok-Sein zu entscheiden ist genau das, was ängstliche Glaubende niemals tun; stattdessen warten sie vergeblich auf jemanden oder auf etwas, das außerhalb ihrer selbst liegt, und hoffen, es werde sie ok machen.

Im Verhalten und im Gespräch *sagen oder tun* die »Ich bin nicht ok – du bist ok«-Glaubenden bezeichnenderweise stets etwas, das ihnen – wenn auch nur für den Augenblick – *das Gefühl geben sollte, ok zu sein*. Sie erreichen diese Absicht häufig auch, indem sie in anderen nicht-ok-Gefühle erwekken. Sie argumentieren dann etwa: »Nach allem ist es ein kleiner Trost zu sehen, daß auch ein anderer einmal in einem solchen nicht-ok-Zustand ist, wie ich es ständig bin.«

Manche nicht-ok-Glaubende können in aggressivem Ton eine persönliche Meinung äußern und sie sogar kämpferisch verteidigen, aber häufiger ziehen sie ihre Behauptungen zurück, schieben die Sache auf, geben nach oder geben ganz auf. »Ich habe ja meist unrecht«, sagt ein solcher Mensch, »deshalb muß ich auch jetzt unrecht haben«.

Ängstliche Glaubende beklagen oft ihre moralische Schwäche, ihre Unfähigkeit, zu ihren Entscheidungen zu stehen, ihr Mißlingen beim Versuch, ihre Situation zu verbessern, und ihren Mangel an guten Gefühlen. So klagen sie sich z.B. selbst an: »Immer beichte ich dieselben alten Sünden und Fehler, die mich seit Jahren quälen. Ich bin nicht besser geworden.«

Sie neigen dazu, andere Glaubende für frömmer zu halten, als sie selber sind, sie hätten einen tieferen Glauben und könnten das Leben heiterer und erfolgreicher gestalten.

Typische Schwächen der ängstlichen Glaubenden sind Mutlosigkeit, Ungeduld, Eifersucht, Neid, Furcht und das Gefühl der Verlassenheit. In der Regel beruht diese Einsamkeit nicht darauf, daß sie tatsächlich allein sind, sondern sie entsteht aus dem destruktiven »Spiel«, das zwischen dem strafenden El-Ich und dem nicht-ok-K-Ich abläuft.

Das Einsamkeits-Spiel geht etwa so vor sich: ein ängstlicher Glaubender, der etwas Bemerkenswertes getan hat, sagt von seinem K-Ich zu seinem EL-Ich: »Habe ich nicht in der Gemeinde eine gute Mitarbeit geleistet?« und das EL-Ich antwortet: »Es war recht gut, hätte aber noch sehr viel besser sein können!« Dadurch wird das nicht-ok-Gefühl des K-Ichs verstärkt und die Angst, im sozialen Verband nicht akzeptabel zu sein. Das K-Ich folgert: »Wenn ich selbst mit mir nicht einverstanden bin, wie kann dann sonst jemand Gutes von mir denken?« Beim nächsten Mal, wenn der ängstliche Glaubende sogar noch Besseres geleistet hat als vorher, hofft das K-Ich auf Anerkennung und fragt erneut sein EL-Ich: »Habe ich's diesmal nicht besser gemacht?« und das EL-Ich antwortet wie gewöhnlich: »Ja, schon, aber es war nicht gut genug.« Wieder ist das K-Ich zurückgestoßen und versinkt tiefer in den nicht-ok-Treibsand. Das verängstigte K-Ich überträgt diese Mißbilligung sofort auf sein ganzes Leben: »Ich bin *niemals* gut genug, kein Wunder, daß mich *niemand* mag, kein Wunder, daß ich so einsam bin.« Das Einsamkeits-Spiel ist wesentlich ein innerer Dialog; andere Mitspieler erübrigen sich.

Warum die ängstlichen Glaubenden so sind
(Ich bin nicht ok – du bist ok)

Die positive Motivation der ängstlichen Glaubenden (ich bin hilflos – du bist stark) kreist um ihr *Bedürfnis, Selbstachtung aufzubauen* und damit verbunden um den Wunsch, die *Anerkennung anderer Menschen* zu gewinnen. Wir erinnern uns: ängstliche Glaubende fühlen sich meist unsicher und minderwertig. Ihr schwaches Selbstvertrauen kann leicht zusammenbrechen; dann werden sie furchtsam, mutlos und noch unzufriedener mit sich selbst. Da sie die anderen stets höher einschätzen als sich, suchen sie häufig die Anerkennung ihrer Mitmenschen, so wie sie als kleines Kind auf die Anerkennung der Erwachsenen hofften.

Aus trauriger Erfahrung wissen sie, daß die Wirkung von neunundneunzig positiven Streichelungen manchmal durch ein einziges negatives Streicheln ausgelöscht werden kann.

Ängstliche Glaubende machen auch von der Möglichkeit Gebrauch, sich zum Negativen zu motivieren. Vielleicht entdeckten sie schon in früheren Jahre, daß sie sich – wenn auch nur momentan – irgendwie nicht ok fühlen, wenn sie den ersten Platz erreichen oder die höchste Auszeichnung bekommen. Aber selbst wenn sie auf Mitglieder anderer Kirchen herabsehen, die meisten Punkte bei einem Wettbewerb bekommen, mehr Geld für den Sozialdienst spenden oder eine größere Kirche bauen, *erwarten* die ängstlichen Glaubenden doch, daß sie sich wegen ihres Verhaltens schließlich nicht ok fühlen werden; und ihre Erwartungen gehen meist in Erfüllung.

Manche ängstliche Glaubende entdecken, daß es noch ein anderes rasch wirkendes Mittel gegen nicht-ok-Gefühle gibt: über anderer Leute Fehler zu lachen und sich über deren Mißerfolge hämisch zu freuen. Andere ängstliche Glaubende setzen manchmal eine Maske des Selbstvertrauens oder der

110

Kompetenz auf, um ihre nicht-ok-Gefühle zu verbergen. Noch andere treten überaus gern in Rivalitätskämpfe ein: auch ein Mittel, Gefühle der Angst zu überdecken.

Das Verhalten der verzweifelten Glaubenden
(Ich bin nicht ok – du bist nicht ok)

Auch die verzweifelten Glaubenden haben eine *unreflektierte ethische* Haltung. Es ist, als wäre in ihren Augen die ganze Menschheit zu Mißerfolg und nicht-ok-Sein verdammt; ihr ethisches Empfinden ist meist von Kälte und Hoffnungslosigkeit vergiftet. »Es gibt nichts zu hoffen«, sagen sie, »worauf sollen wir also noch warten?« Hoffnungslose Glaubende bezweifeln, daß irgend jemand treu sein kann, sie bezweifeln Gottes Existenz und schließen daraus, daß es sich nicht lohnt, treu zu sein. Da sie überzeugt sind, daß niemand Billigung findet und daß kein Mensch auf Erden die Dinge ändern kann, ist es das Ziel mancher verzweifelten Glaubenden, einfach »das Leben irgendwie herumzubringen«.
Oft finden sie, das Leben sei eine Qual, und Glaube sei eine Last. Daher *kritisieren und strafen sie gern* ihre Mitmenschen in der Hoffnung, sie zum Schweigen zu bringen oder sie sich wenigstens fern zu halten. »Wenn die merken, was für ein Scheusal ich bin, werden sie mich vielleicht in Ruhe lassen. Ich habe genug eigene Sorgen und werde mir nicht noch die Schwierigkeiten anderer aufladen.«
Wie alle nicht-ok-Menschen wollen sich auch die hoffnungslosen Glaubenden in nichts hineinziehen lassen. Während ängstliche Glaubende jede Beteiligung vermeiden aus Furcht, abgelehnt zu werden oder zu versagen, sind verzweifelte Glaubende fest überzeugt, daß jede menschliche Interaktion für jeden Beteiligten nur einen neuen Sturm von nicht-ok-Gefühlen mit sich bringt, was für keinen gut sei.
Aus diesem Grunde blockieren hoffnungslose Glaubende

manchmal Pläne, bei denen ihre Mitwirkung notwendig wäre. »Dieser Plan führt nicht zum Ziel«, sagt der Betreffende, »aus folgenden fünfzehn Gründen. Und wenn Sie ihn doch ausführen, werden daraus fünfzehn Nachteile entstehen. Ich stimme dagegen.« Ein anderer sagt etwa: »Warum können wir's nicht

Abb. 5 Die Verhaltensweisen der Glaubenden

Die allgemeine Glaubensein- stellung	Die Qualität der ethi- schen Entscheidung	Typische Ausdrucksfor- men im Verhalten und im Gespräch
Der vertrauensvolle Glaubende Ich bin ok, Gott und die anderen sind ok.	Bewußt und reflektiert: basiert auf Erfahrung, Information usw.	Bereit zu Veränderung und Mitarbeit; stellt ver- nünftige Ziele auf; ist an der Zukunft interessiert; stellt hilfreiche Fragen; hat nützliche Informa- tionen parat usw.
Der überhebliche Glaubende Ich bin ok, die anderen sind nicht ok, (Gott mag ok oder auch nicht ok sein).	Unreflektiert: basiert auf dauernd überhebli- chem und autoritärem Verhalten, das in der Kindheit (und später) bestärkt wurde.	Kauft sich Ja-Sager; hat keine Bedenken, das Leben anderer zu (zer-)stören; schiebt stets die Schuld auf andere, rechtfertigt sich selbst usw.
Der ängstliche Glau- bende Ich bin nicht ok, Gott und die anderen sind ok.	Unreflektiert: basiert auf negativen Eindrük- ken von sich selbst, die in der Kindheit (und später) aufgenommen wurden.	Sagt und tut, was ihm selbst ein stärkeres ok- Gefühl gibt, indem er z.B. anderen nicht-ok- Gefühle vermittelt. Be- klagt die alten Fehler und sein nicht-ok-Sein.
Der hoffnungslose Glaubende Ich bin nicht ok, Gott und die anderen sind nicht ok.	Unreflektiert: basiert auf dem Mangel an posi- tiver Reaktion von sei- ten anderer Menschen in der Kindheit (und später).	Tadelt und kritisiert je- den; zieht sich manch- mal zurück und regre- diert; blockiert die Gruppenarbeit.

112

so machen, wie man es immer gemacht hat? Daran ist jeder gewöhnt. Dann braucht sich niemand noch mehr aufzuregen, als er es jetzt schon tut.«

Abb. 6 Was die Glaubenden motiviert

Die allgemeine Glaubensein-stellung	*Positive Motivation* im Glauben und allgemein	*Negative Motivation* im Glauben und allgemein
Der vertrauensvolle Glaubende Ich bin ok, Gott und die anderen sind ok.	Die Menschen können wachsen und sich verändern; jeder ist zur Selbstverwirklichung imstande; wir können einander helfen, ok zu bleiben.	Ich kann es vermeiden, die zerstörerischen »Spiele« mitzumachen; ich habe es nicht nötig, anderen Menschen nicht-ok-Gefühle zu vermitteln.
Der überhebliche Glaubende Ich bin ok, die anderen sind nicht ok (Gott mag ok oder nicht ok sein).	Nur ich bin recht und gut. Die anderen versuchen, mich zu vernichten (zu ducken, mir zu schaden), aber ich bin hart und zäh.	Ich kann meine Wunden selber lecken und mir selber Mut machen. Mir geht es gut, wenn du mich nur in Ruhe läßt.
Der ängstliche Glaubende Ich bin nicht ok, Gott und die anderen sind ok.	Ich muß Selbstachtung gewinnen. Ich brauche die Zustimmung anderer Menschen.	Ich versuche, nicht-ok-Gefühle in mir zu vermeiden, indem ich über die Fehler anderer lache. In mir sind lauter nicht-ok-Gefühle, darum will ich, daß andere das auch erleben.
Der verzweifelte Glaubende Ich bin nicht ok, Gott und die anderen sind nicht ok.	Ich komme eben gerade so durchs Leben, Tag um Tag, Stunde um Stunde.	Wenn ich keine Antwort von der Welt bekomme, werde ich ihr auch nicht antworten. Ich versuche nur, der Bestrafung und der Zerstörung durch die anderen auszuweichen.

Zu anderer Zeit zieht sich das nicht-ok-K-Ich des Hoffnungs-losen zurück und regrediert: »Ich kann nicht noch mehr Unverschämtheiten von diesem Pfarrer ertragen. Ich gehe jetzt aus und betrinke mich. Vielleicht vergesse ich dann all das.« Andere Formen des Sich-Zurückziehens werden so ausgedrückt: »Ich brauche Abstand von der Kirche« oder »Laßt mich mit dem Gerede über Gott in Ruhe« oder »Ich mag nicht mehr beten. Laßt mich hier in Ruhe und Frieden sitzen.«

Warum die verzweifelten Glaubenden so sind
(Ich bin nicht ok – du bist nicht ok)

Die »Ich bin nicht ok – du bist nicht ok«-Glaubenden sind in Negativismen, in Hoffnungslosigkeit und Verzweiflung gefan-gen und haben keine positive Motivation, der Inneren Kraft Bahn zu verschaffen. Sie sehen das Leben als eine Sackgasse an, und ihre »beste« Feststellung kann etwa so lauten: »Wenn ich es nur schaffe, mit einem Minimum an negativen Gefühlen durchs Leben zu kommen!« Manchmal überleben die ver-zweifelten Glaubenden nur von einem Tag zum anderen, wie ein Mensch, der an chronischer Migräne leidet; sie leben von Stunde zu Stunde so dahin. Da sich aber ihre Verzweiflung über den Tod hinaus erstreckt, sind sie überzeugt, daß Gott sie ablehnen und verdammen werde, und daß ihnen endlose Äonen der Strafe und des Leidens bevorstehen. Oder sie glauben, daß mit dem Tod »alles aus« sei. Für sie wird sich die Hölle nicht vom irdischen Leben unterscheiden: auch dort werden sie von Stunde zu Stunde bestehen müssen.
Hoffnungslose Glaubende sind stark und klar in ihrer negati-ven Motivation. Sie versuchen vor allem der *Ablehnung und Destruktion* von Seiten ihrer Mitmenschen zu entgehen. Häu-fig lautet ihr Motto: »*Vermeide!*« Manche ziehen sich in der Form zurück, daß sie hart werden wie Stahl. Wenn man

114

versucht, sie an etwas zu beteiligen, setzen sie alle Hebel in Bewegung, dem zu entgehen. Sie ähneln gewissermaßen den Hummeln: sie stechen nur, wenn man sie provoziert.

In scheinbarem Gegensatz hierzu stürzen sich verzweifelte Glaubende manchmal in soziale Aktivitäten. Aber meist treibt es sie bloß dazu, diese Aktion lahmzulegen, denn sie meinen, daß Interaktion bei allen Beteiligten nur noch mehr nicht-ok-Sein hervorruft. «Da man vom nicht-ok-Sein eines jeden ausgehen muß«, so begründen sie ihre Einstellung, »wären die Menschen besser dran, wenn sie keinen Finger rührten und die Zeit verrinnen ließen.«

Abb. 5 zeigt einen Vergleich zwischen den Verhaltensweisen der verschiedenen Glaubenden; Abb. 6 stellt die positiven und negativen Motivationen zusammen, von denen die Glaubenden in den vier grundlegenden Glaubenspositionen bestimmt werden.

Nehmen Sie sich einige Augenblicke Zeit

Ein Pfarrer versuchte, die biblische Geschichte vom Barmherzigen Samariter vom Standpunkt der TA aus nachzuzeichnen. Er fertigte eine Skizze für seine Predigt an, in der es heißt:

Der Reisende: Ich bin nicht ok – du bist ok (der ängstliche Glaubende)

Priester und Levit: Ich bin ok – du bist nicht ok (der überhebliche Glaubende)

Die Räuber: Ich bin nicht ok – du bist nicht ok (der verzweifelte Glaubende)

Der barmherzige Samariter: Ich bin ok – du bist ok (der vertrauensvolle Glaubende).

Sind Sie mit der Analyse des Pfarrers einverstanden? Wie hängt sie mit den Fragen zusammen, die in diesem Kapitel behandelt wurden?

6 WIE SOLLTEN WIR DES HERRN LIED SINGEN IM FREMDEN LAND?

Psalm 137,4

Ein vertrauensvoller Glaubender bleiben

Bei der Betrachtung des Auszuges der Kinder Israel aus der ägyptischen Gefangenschaft ging Martin Luther auf, daß die Erfahrung des Glaubens ein ständiges Weiterschreiten ist: von der Knechtschaft zur Freiheit. Der Apostel Paulus drückt es so aus: »So bestehet nun in der Freiheit, zu der uns Christus befreit hat, und lasset euch nicht wiederum in das knechtische Joch fangen« (Gal 5,1).

In der Sprache der TA heißt das: die Innere Kraft entdecken, die uns zum ok-Sein führen und darin erhalten wird.

Ein vertrauensvoller Glaubender werden

»Ich bin ok – du bist ok«-Glaubende fühlen sich schon in der einfachsten Situation ok und denken auch entsprechend. Ihr Gemüt ist ausgeglichen, ihr Ziel klar, ihr Wesen ist von Hoffnung getragen, und sie sind voll Erwartung. Schöne Dinge sind für sie noch schöner. Sie scheinen unmittelbarer zu

116

lieben (ok-K-Ich), klarer zu denken (ok-ER-Ich) und regel-
mäßige Pflichten williger zu erfüllen als zuvor (ok-EL-Ich).
Nicht nur, daß sie meist das *Gefühl* haben, ok zu sein, sondern
– was wichtiger ist – sie *wissen* auch: ich bin ok. Dieses
ok-Sein beruht auf einer Entscheidung, nicht nur auf einer
Stimmung oder einem Impuls. Für diese Leute ist es eine
Lebenseinstellung, nicht nur ein Gefühl.
Um ein vertrauensvoller Glaubender werden zu können, müssen wir lernen, uns zu verändern: vom nicht-ok-Gefühl im
Leben und Denken zum ok-Sein in Leben, Denken und
Fühlen. Dies war es, was Jesus von dem Lahmen am Teich
Bethesda verlangte, der nur sein nicht-ok-Dasein beklagte,
aber nichts tat, es zu ändern (Joh 5,2–9).
Meistens ist es für jemanden, der ein stark negatives Bild von
sich hat, kein leichter Prozeß, ein vertrauensvoller Glaubender zu werden. Er hat jahrelang gewohnheitsmäßig aus dem
nicht-ok-Sein heraus gelebt und gehandelt, und das mag
seinem Auszug zu einem neuen ok-Wesen im Wege stehen.

Vom strafenden EL-Ich zum vertrauensvollen Glaubenden

Das Leben mancher Menschen ist ganz und gar vom Abspielen gespeicherter Befehle aus dem nicht-ok-EL-Ich bestimmt.
Jahrelang kann dieses EL-Ich vorherrschend gewesen sein:
»Du sollst nicht mit diesen Leuten ausgehen.« »Du mußt
vorsichtig sein auf der Party und keine persönlichen Gefühle
äußern.« »Du mußt zur Kirche gehen, sonst wird Gott dich
strafen« usw. Für Menschen, deren Leben fast ausschließlich
von Verboten, Negationen, Verweigerungen und Absagen
bestimmt war, bedeutet das ok-Werden, daß sie lernen müssen, die vielen positiven Einladungen zu erkennen, von denen
sie umgeben sind; es bedeutet, endlich jene »bitte tu das«-
Botschaften aufzufangen anstelle der alten »untersteh dich ja
nicht«-Befehle. Ok-Glaubende sehen die Welt mehr als eine

Summe positiver Herausforderungen, nicht als einen Block von Verboten; mehr als eine Reihe von Gelegenheiten denn als eine Mauer von Einschränkungen. Für Menschen, die bisher vom strafenden EL-Ich dirigiert wurden, bedeutet es wirklich eine Veränderung der Einstellung, wenn sie das Leben als eine Folge von Gelegenheiten (ok zu werden) ansehen.

Vom rebellischen K-Ich zum ok-Glaubenden

Manche vertrauensvolle Glaubende, die neu zu dieser Einstellung gekommen sind, haben u.U. eine Vorgeschichte, die geprägt ist von einem rebellischen und aggressiven K-Ich. Vielleicht waren sie in der Kindheit gewöhnt, sich ihren Weg mit Hilfe von Schreien und geballten Fäusten zu bahnen; sie zerstampften das Spielzeug anderer Kinder, zerrissen deren Kleider und kratzten und bissen ihre Spielgefährten. Vielleicht ärgerten sie sich über Gott, wenn ihre Gebete um ein neues Spielzeug nicht erfüllt wurden, oder sie weigerten sich zu glauben, daß Gott von ihnen verlange, zur Kirche zu gehen, wenn sie lieber spielen wollten.

Ein paar Jahre später wurde das Verhalten ihres rebellischen K-Ichs sozial ein wenig akzeptabler. Es äußerte sich dann in Zornausbrüchen, lautem Reden, Stampfen, Schmollen, Klagen, Kritisieren, Herabsetzen, im Nähren von Eifersucht und Neid, in Versuchen, heimzuzahlen oder auf gleich und gleich zu kommen oder anderen Weisen, sich zu rächen. Vielleicht lehnten sie die kirchliche Autorität ab: ihre Vorschriften, mit denen das Verhalten eingeengt wurde, ihre Lehren, die Angst und Schuld erzeugten. In ihrer rebellischen Einstellung fanden sie die Liturgie »langweilig«, die Theologie »primitiv« und die kirchlichen Mitarbeiter »sozial blind«. Obwohl solche Ausbrüche nun vielleicht in intellektueller oder gar technischer Sprache formuliert wurden, waren sie doch Ausdruck der inneren nicht-ok-Überzeugungen des rebellischen K-Ichs. Ärger, Wut, Furcht und Haß, die sich im Inneren Kern einnisten, können die bewegende Innere Kraft in ihrem Strömen durch das K-Ich ablenken und sie in destruktive emotionale Ausbrüche umleiten.

Leute, die ihr rebellisches K-Ich hinter sich lassen und ok werden, lernen es, anderen Menschen gute Gefühle zu vermitteln, sich an den eigenen Gaben zu freuen und nach ihrem eigenen Stil zu handeln. Manchmal entdecken sie, daß andere über eine bessere Gabe verfügen, Geld für die Kirche zu sammeln oder den Kindern im Kindergottesdienst den Sinn der Sakramente zu verdeutlichen. Das vormals rebellische K-Ich lernt auch die Kunst der Kooperation und entdeckt, daß aus gemeinsamer Arbeit ein Gefühl tiefer innerer Befriedigung entstehen kann (das dem natürlichen K-Ich wohltut). Menschen, die vom rebellischen K-Ich zum ok-Sein gelangt sind, lernen es, dem Mitmenschen nicht mehr mit dem Schwert, sondern mit dem Ölzweig des Friedens entgegenzutreten; sie brauchen sich Gott nicht mehr mit einem Kriegsruf zu nähern, sondern können jetzt liebe- und freudevoll in Gottes Gegenwart singen und tanzen. Ihr soziales Leben und Arbeiten sehen sie nicht mehr als eine Folge von destruktiven Rivalitäten an, sondern als Gelegenheiten zur Kooperation. Statt über Gottes mögliche Strafen zu grübeln, vertrauen sie jetzt auf seine unendliche Liebe und fühlen sich frei, diese Liebe vielfach an andere weiterzugeben.

Vom angepaßten K-Ich zum ok-Glaubenden

Es gibt Leute, die zu vertrauensvollen Glaubenden geworden sind, deren Vergangenheit vom regressiven (d.h. am kindlichen Verhalten festhaltenden) und angepaßten K-Ich und dessen religiösem Erleben geprägt war; da gab es Perioden des Schmollens, des Sich-Versteckens, der Scham, der Furcht und der Schuldgefühle, der Selbsterniedrigung, des Sich-selbst-in-den-Schatten-Stellens usw. Vielleicht gehören sie zu den nicht-ok-Menschen, die glauben, nichts Gutes erwarten zu dürfen, weil man ihnen gesagt hat, sie seien wertlos. In religiösen Orden sprechen die Brüder und Schwestern von sich oft im Ton der Selbsterniedrigung, daß sie der »Letzte, Niedrigste und Schlechteste« sind.

Katholiken, die über Generationen hin erzogen worden waren, sich selbst der Hl. Kommunion für unwürdig zu halten, nahmen an der Eucharistiefeier nicht teil. In früheren Jahrhunderten brauchte man ein Gesetz, das verlangte, mindestens einmal jährlich die Hl. Kommunion zu empfangen. Obwohl diese gesetzliche Regelung das gewünschte Verhalten bewirkte – das Volk kam zum Altar und empfing die Hostie –, hat sie doch den Gemeinden nicht das ok-Sein vermittelt; denn seit Generationen waren sie von Pfarrern und Eltern so erzogen worden, daß sie sich als nicht-ok empfanden (als regressive und angepaßte K-Glaubende).

Erst dann, wenn diese nicht-ok-Menschen in die ok-Position gelangen, verstehen sie sich selbst als Menschen, die eine Bedeutung haben und unverwechselbar sie selber sind. Sie fühlen sich nun von der Gemeinde als Freunde Gottes willkommen geheißen. Sie freuen sich über ihren neuen Standort, sie wissen jetzt, daß ihre Ideen aufgegriffen werden, und daß sie selber einen Beitrag zu den Vorgängen leisten können. Sie entdecken, daß sie in der Lage sind, über theologische Fragen selbständig nachzudenken und nicht mehr einfach zu glauben (oder nicht zu glauben) haben, was andere sagen. Sie entdecken, daß sie im eigenen Inneren ethische Entscheidungen treffen können und nicht mehr warten müssen, bis jemand ihnen sagt, wann sie zustimmen oder ablehnen sollen. Für sie ist nun die Welt der Bereich ihrer Aktivität; es gibt in der Gesellschaft bestimmte Dinge, die gesagt und getan werden müssen, und sie fühlen sich mit verantwortlich dafür. Früher waren sie einfach nur gehorsam und taten, was man ihnen befahl; jetzt werden sie verantwortlich und tun das, was ihnen das beste zu sein scheint. Statt nichts zu sagen und nichts zu tun (»Ich bin einfach still, sollen die anderen denken«), sind die vom angepaßten K-Ich zum ok-Sein Gekommenen bald imstande, mit neu gewonnenem Vertrauen aktiv am kirchlichen Leben teilzunehmen. Im nun überwundenen nicht-ok-Zustand fragten sie sich immerfort: »Wo habe ich mich versündigt?« oder fragten die anderen: »Sag mir, wo ich unrecht hatte.« Jetzt, als vertrauensvolle Glaubende, gestatten sie ihrem kreativen K-Ich, mit ihrem ER-Ich zusammenzuarbeiten, und sie fragen: »Was kann ich tun, um eine bessere Zukunft mit herbeizuführen?«

Ein vertrauensvoller Glaubender bleiben

Manche Leute sind von Anfang an ok-Glaubende, aber die meisten erreichen ihr ok-Sein erst vom Hintergrund eines strafenden EL-Ichs, eines aggressiven rebellischen oder eines angepaßten K-Ichs aus. In diesem Prozeß der Veränderung merken sie, daß es gar nicht so leicht ist, wunschgemäß, im Sinne des ok-Seins zu denken und zu handeln. Biblisch gesehen ist das ok-Werden eine Auszugs-Erfahrung: altgewohntes Territorium muß auf der Suche nach einer neuen freien Welt verlassen werden.

Menschen, deren Glaube fünfundzwanzig oder dreißig Jahre lang auf dem nicht-ok-K-Ich beruhte, und die nun vertrauensvolle Glaubende geworden sind, stehen in der Gefahr, von einem anspruchsvollen Ehepartner, einem strafenden Pfarrer oder anderen starken strafenden EL-Persönlichkeiten in das nicht-ok-Sein zurückgedrängt zu werden. Vielleicht fassen sie auch selbst den Entschluß, ihren persönlichen Auszug zum neuen ok-Land nicht fortzusetzen und zu den gewohnten nicht-ok-Fleischtöpfen Ägyptens zurückzukehren.

Das ok-Sein ist ein Zeichen dafür, daß die innere Kraft am Werk ist, und dies sollte als große Kostbarkeit gehütet, genährt und auf jede nur mögliche Weise gefördert werden. Die Erfahrung von neunundneunzig Bestätigungen kann die Stimmung in den Himmel heben, aber ein grausames Wort der Kritik kann – strategisch klug plaziert – das ok-Sein auf den Tiefpunkt drücken.

Im Gleichnis vom Sämann beschreibt Jesus, was jeder Gruppe von Neuhinzugekommenen geschehen kann: einige Samenkörner fielen auf den Weg und wurden von den Vögeln aufgepickt; manche fielen auf steinigen Boden und gingen an Wasser- und Bodenmangel zugrunde; andere fielen unter die Dornen und wurden erstickt; und schließlich fielen einige auf guten Boden und brachten Frucht hervor. Der Sinn ist, daß wir unser ok-Sein in gute Erde fallen lassen sollen. Wir wollen zusehen, daß es genug Nahrung durch Streicheln findet.

Es gibt eine erlernbare Kunst, ein vertrauensvoller Glaubender *zu bleiben*: sie ist dazu angetan zu lernen, uns in der ok-Position heimisch zu fühlen. Sie besteht in sieben Weisen, menschlich zu leben, die kennzeichnend sind für den »Ich bin ok – du bist ok«-Glaubenden.

1. Sensitivität für Menschen und Probleme

Auf dem Weg, das ok-Sein zu bewahren und darin zu wachsen, sollten ok-Glaubende als ersten Schritt, zu dem man sie ermutigt, die Fähigkeit entwickeln, in den bestehenden kirchlichen Verhältnissen die Notwendigkeiten, die Fehler und die Mängel zu erkennen. Z.B.: Wenn in einer Kirchen- oder Bürgergemeinde eine Unruhe oder eine Krise entsteht, dann fragen die vertrauensvollen Glaubenden: »Woher kommt das Problem, wohin könnte es führen?« Sie lernen, die Strömungen und Gegenströmungen eines Problems zu erkennen und zu seinem Ursprung vorzudringen. Ein weitblickender Pfarrer beschrieb diese seine Bemühung für die Gemeinde mit Hilfe

122

eines Vergleichs: »Eine korrekte Analyse der Symptome muß jedem Heilungsversuch vorausgehen. Es gibt keine andere Möglichkeit. Ein Seemann stellt seinen Standort mit Hilfe eines Kompasses fest, er beobachtet die Windrichtung und berücksichtigt auch die Strömungen und Gegenströmungen, die sein Boot weitertragen oder hemmen.«

Ebenso, wie die Seeleute ihren Sextanten und den Kompaß haben, verfügen die Glaubenden über Instrumente, mit denen sie Glaubensprobleme zu analysieren vermögen. Diese Instrumente sind im wesentlichen Methoden des ER-Ichs: Fragen stellen, Gründe und Erklärungen suchen, zugeben, was sie nicht wissen, aber auch, was sie wissen. Sogar dogmatische Fragen und Zweifel, die sie haben, können so behandelt werden: »Was ist Sünde?« »Gibt es eine Hölle?« »Wer ist Jesus?« Durch solch offenes Aussprechen ihrer Fragen und Zweifel können Selbst-Wahrnehmung und theologisches Verständnis der Glaubenden wachsen.

Die entgegengesetzte Haltung, die das nicht-ok-Sein festigt (Überlegenheit, Angst, Verzweiflung), ist die *Nichtwahrnehmungsfähigkeit* gegenüber Menschen und Problemen. Nicht-sensitive Leute gehen durchs Leben und blockieren jede neue Information ab. Wie die drei Affen, die Augen, Mund und Ohren geschlossen halten, sagen diese Leute: »Ich sehe, höre und tue nichts Böses.« Das bedeutet: sie stellen keine Fragen, sie halten sich aus allem heraus, sie bleiben lieber für sich. »Wenn die Afrikaner aus Hunger oder wegen politischer Verfolgung ein menschenunwürdiges Leben führen müssen, so ist das ihr Problem, nicht das meine. Ich bleibe hier in Europa und kümmere mich um meine eigenen Angelegenheiten.« Nicht-sensitive Leute richten vielleicht nichts Böses an, aber sie tun sicherlich nichts, um etwas Böses abzuwenden.

(1) Eine andere Form der mangelnden Wahrnehmungsfähigkeit ist dadurch gekennzeichnet, daß man sich weigert, Verantwortung zu übernehmen, indem man den »schwarzen Pe-

ter« weiterreicht. »Die berufenen Leute da oben sagen mir, was ich glauben und fühlen soll. Da sie keine Kritik an den unzulänglichen Wohnverhältnissen der Minderheiten in unserer Stadt üben, sehe ich dieses Problem auch nicht als meine Aufgabe an.« Solche Leute entbinden sich selbst von der Verantwortung für die Bedürfnisse ihrer Mitmenschen und weichen den Problemen aus, denen abgeholfen werden könnte.

(2) Vertrauensvolle Glaubende sind für gewöhnlich denkende Menschen, die nach Ungewohntem und Neuem Ausschau halten. Sie orten ein Problem, sobald sich die ersten Anzeichen dafür bemerkbar machen, und bei der Bewältigung einer Krise sind sie zur Mitarbeit bereit.

Vor einiger Zeit kam ein Mann zu seinem Pfarrer, um mit ihm seine Sorgen zu besprechen: er hatte Frau und Kinder und war in eine finanziell bedrohliche Lage geraten. Der Pfarrer hielt ihm eine Rede über Gottvertrauen. Als der Mann aus dem Amtszimmer herauskam, war ihm bewußt, daß er einiges Tröstliche über Gott gehört, aber *keine Hilfe erfahren* hatte. Ein sensitiver Pfarrer hätte versucht, den Ursprung der Krise zu ergründen. War sie nur finanzieller Art? Wenn ja, wie hätte er helfen können? Wenn nicht, ließe sich dann das Problem tiefer anfassen? Der Verlauf des Gesprächs zeigt, daß der Pfarrer das eigentliche Problem des Mannes umgangen hatte.

Ein Kennzeichen der ok-Glaubenden ist ihre Bereitschaft, mit der sie ihre eigenen Belange, Gefühle und Bedürfnisse beiseite legen, um sich auf Eigenarten und Bedürfnisse ihrer Mitmenschen einzustellen. Da die ok-Leute wesentlich gelassen und zufrieden sind, lassen sie sich von anderen nicht so leicht abschrecken. Deshalb sind sie imstande, mit schwierigen Situationen und Problemen umzugehen und eigene Entscheidungen zu treffen. Wichtiger noch ist die Freiheit, mit der ok-Glaubende Gaben und Qualitäten der anderen, ohne jede

Furcht vor Konkurrenz, erkennen und erforschen, um diese speziellen Fähigkeiten zutage zu fördern und das, was daran ok ist, zu bestärken. So sind vertrauensvolle Glaubende nicht nur sensitiv für Probleme, Gefühle und Bedürfnisse ihrer Mitmenschen, sondern auch für deren positive Möglichkeiten.

2. Alternativen finden

Die Gabe, allerlei Ideen hervorzubringen oder Möglichkeiten zu finden, wie ein Problem zu lösen oder wie Menschen zu begegnen sei, befähigt uns, Alternativen anzubieten. So z.B. müssen Kindergottesdiensthelfer sich oft etwas einfallen lassen, um auf verschiedene Weise Glaubensfragen mit den Kindern zu besprechen.

Dieses Finden von Alternativen ist ds wichtigste Kennzeichen eines wahrnehmungsfähigen Menschen. Wenn erst die Symptome einer Situation geklärt sind, fangen die vertrauensvollen Glaubenden meist sofort an, eine Reihe möglicher Lösungen vorzuschlagen: nicht nur eine, sondern eine ganze Anzahl. Da die Menschen kompliziert und voller Widerspruch sind, würde eine einzige Lösung nicht den divergierenden Einstellungen und Verhaltensweisen sämtlicher Beteiligten entsprechen. Daher ist es oft nötig, mehrere Alternativen zu finden.

Da befaßte sich z.B. eine Gemeindeversammlung mit Problemen der Gottesdienstgestaltung, aber die meisten der Anwesenden lamentierten nur über die bisherige Form. Bevor der Abend zu Ende ging, brachte ein vertrauensvoller Glaubender eine Reihe von Alternativvorschlägen:

Stellt einen Plan auf, wie sich an den nächsten acht Sonntagen die Predigt mit dem Sinn des Gottesdienstes befassen soll.

Stellt eine neue gottesdienstliche Ordnung für die Gemeinden zusammen.

Vergrößert den Chor.

Ändert die Gottesdienstzeiten.

Versucht, Gottesdienste in kleineren Gruppen zu halten und an verschiedenen Orten.

Laßt interessierte Leute – nicht nur den Pfarrer – die Gebete für den Gottesdienst abfassen.

Haltet Umschau in der näheren Umgebung, ob es da Leute gibt, die in ihren Gemeinden erfolgreiche Verbesserungen durchgeführt haben.

Macht den Versuch, Formen der Gesprächs- und Gebetsgruppen zu erneuern und zu verjüngen, mit denen man früher gute Erfahrungen gemacht hat.

Nicht alle diese Alternativen fanden in der Gemeindeversammlung Anklang, aber einige wurden doch aufgegriffen. Der vertrauensvolle Glaubende hatte aus seinem Vorrat neue und alte Ideen hervorgeholt, und seitdem freut sich diese Gemeinde mehr denn je an ihren sonntäglichen Zusammenkünften in der Kirche.

Die Aufgabe, Alternativen zu bieten, stellt Ansprüche an die kreativen Gaben eines jeden Gemeindegliedes und rechnet mit seiner persönlichen Erfahrung und seiner Fähigkeit, problemlösende Kräfte zu mobilisieren. Während nicht-ok-Leute nur zögernd das Feld der Möglichkeiten erforschen, das jenseits der bisherigen Vorstellungen, Glaubenssätze und Ideale liegt, die ihnen von anderen beigebracht worden waren, fühlt sich der ok-Glaubende frei, die Situationen zu erproben und die Wirkung der von ihm vorgeschlagenen Lösungen abzuschätzen. So appelliert z.B. eine Kleinstadtgemeinde an die kreativen Einfälle ihrer Mitglieder: an einem Sonntag im Monat bleibt die Kirchentür geschlossen. An diesem Sonntag sollen Pfarrer und Gemeindeglieder ihre eigenen, persönlichen »guten Werke an den Menschen tun«, statt zur Kirche zu gehen.

Nicht-ok-Glaubende bemühen sich nicht, neue alternative Lösungen zu erwägen, und sagen: »Das sollen andere für mich entscheiden.« Vertrauensvolle Glaubende finden diese Denkweise zu einfach, denn man entzieht sich damit der Suche nach eigenen Antworten. Ok-Glaubende sehen meistens die Bedeutung und die Möglichkeit einer Situation und nehmen die Herausforderung an, wo es um alternative Wege zum Wachstum geht. Statt zu agen: »Sag du mir, was ich tun soll, dann tu ich es«, sagen sie: »Ich glaube, daß ich einige Möglichkeiten sehe, dieses Problem anzugehen; vielleicht läßt sich eine davon verwirklichen.«

Heutzutage fühlen sich viele Frauen frei und ok genug, religiöse Alternativen zu erkunden, und sie sind überzeugt, neues Leben in die Gemeinden bringen zu können. Manche von ihnen sind Pfarrerinnen oder wollen es werden. »Nichts ist stärker«, sagt Victor Hugo, »als eine Idee, deren Zeit gekommen ist.« Vertrauensvolle Glaubende sind Menschen, die mit Ideen in Fühlung stehen und die wissen, wie sie in die Tat umzusetzen sind.

3. Flexibilität im Handeln

Die erste Fähigkeit derer, die im ok-Sein bleiben, liegt im Erkennen des Problems, die zweite im Entdecken möglicher Lösungen, und die dritte Fähigkeit ist bezogen auf das Handeln – auf die Flexibilität, die dazu nötig ist.

Viele Glaubende sind zwar zur Mitarbeit bereit, aber nur unter bestimmten Bedingungen: »Es muß so geschehen, wie wir es immer gemacht haben«, »Ich mache es nur so, wie ich es gelernt habe« oder »Meine Art ist die einzig richtige« oder »Ich tu es nur, wenn meine Ideen akzeptiert werden«. Derartig festgelegte Menschen sind meist von einem strafenden EL-Ich oder von einem rebellischen bzw. angepaßten K-Ich bestimmt. Sie sind selten bereit, irgend etwas auf eine neue Art zu tun, sie finden, Ausprobieren sei belastend und unnütz, und sie sind skeptisch gegenüber jeder Neuerung: »Warum soll man etwas Neues einführen, wenn sich doch die alte Methode bestens bewährt hat?«

Vertrauensvolle Glaubende dagegen entwickeln die Wahrnehmungsfähigkeit ihres freien K-Ichs, um die Wahrheit auf neuen Wegen und in unverhofften Situationen zu erkennen. So lernte ein ok-Glaubender das Neue Testament derart zu lesen, daß er Jesus bald als sozialen Revolutionär, bald als Wanderprediger, bald als Heiler sah; und er begriff, wie ihm jeder dieser Standpunkte neue Einsichten vermittelte. Er las auch die Auslegungen anderer und erfreute sich daran, wie verschieden das biblische Zeugnis von Jesus verstanden wird.

Die vertrauensvollen Glaubenden sind frei von der Trägheit vorgeschriebener Gedanken – dieser Form geistiger Sklaverei –, sie sehen mehr den Reichtum menschlichen Erlebens und fühlen sich nicht gezwungen, ein Ereignis in einer bestimmten Art und nur in dieser zu verstehen. Sie lernen es, Menschen anzuerkennen, die einen gänzlich anderen Glauben haben, und sie bereichern so ihr eigenes Erleben durch neue Werte und Gesichtspunkte.

Die Apostelgeschichte ist ein Zeugnis für die Flexibilität der Apostel Jesu. Unter der Gegenwart des Heiligen Geistes entdecken sie ihr neues ok-Sein, die Innere Kraft, und sie können es (im Eifer des K-Ichs) kaum erwarten, ihre wunderbaren Erfahrungen anderen Menschen mitzuteilen. Sie sind frei genug, neue Wege in der Verkündigung ihrer Botschaft zu beschreiten.

Sie organisieren Gruppen, die in Gütergemeinschaft leben, formulieren Pläne für die Missionsarbeit, schaffen eine institutionelle Struktur der Gemeinde, schreiben Briefe über dogmatische Themen, ändern die jüdischen Speisevorschriften und entwickeln in anderen Ländern neue liturgische Formen, die zu dortigen Sitten der jeweiligen Kultur passen. In ihrem vertrauenden ok-Sein waren die Apostel offen für die in der neuen Kirche auftauchenden Probleme; sie fanden alternative Lösungen und führten dann diejenigen durch, die die besten für alle Beteiligten zu sein schienen.

Die Flexibilität des Handelns zielt auch darauf, Situationen zu schaffen, in denen persönliches Wachstum und Verantwortlichkeit, psychische Gesundheit und die Erfahrung von Gemeinschaft sich entwickeln können. Das flexible Handeln kann auch Engagement für die Armen bedeuten, für rassische Gleichberechtigung, für den Frieden oder für das Recht der Bürger vor dem Gesetz. Für den vertrauensvollen Glaubenden ist die konstruktive Mitarbeit an einer dieser Aufgaben oder an allen eine Herausforderung an die Flexibilität seines Handelns.

4. Originalität der Reaktion auf Situationen

Nicht-ok-Menschen neigen dazu, immer in derselben alten Art zu reagieren. Ihr Verhalten ist meist voraussagbar. Versetzt man sie in eine bestimmte Situation, so weiß jeder, was sie tun werden. Nicht einmal in ihrem Klagen und Kritisieren sind sie originell. Die Beanstandungen der nicht-ok-Glaubenden lauten meist etwa so:

»Die Kinder sollen Bibelstellen auswendig lernen. Was für uns gut war, ist auch für sie gut!«

»Man kann nichts tun, um die Armen aus ihrem Loch herauszuholen. Der Herr selbst hat gesagt, wir würden allezeit Arme unter uns haben.«

»Habe ich's nicht schon immer gesagt, daß die neuen Gesangbücher nichts taugen? Wieviel Geld hat man dafür verschwendet!«

»Die heutige Jugend ist gottlos; man muß ihr vor allem Gottesfurcht beibringen.«

Im Gegensatz dazu neigen vertrauensvolle Glaubende zu ungewöhnlichen Reaktionen, die frisch und echt ihren eigenen Gedanken und Erfahrungen entspringen. Wir setzen hier eine Reihe ungewöhnlicher ok-Reaktionen in Parallele zu den oben angeführten nicht-originellen nicht-ok-Reaktionen:

»Wenn die Theologen sagen, daß Gott unter vielen Gestalten zu finden ist, dann könnte es auch sein, daß die jungen Leute ihn vielleicht in ihrer Musik finden.«

»Wollen wir doch wenigstens für die Menschen in dieser Slum-Gegend eine Zahnklinik bauen. Wir werden nicht das Problem ihrer Armut völlig lösen, aber wir können einen Schritt dahin tun.«

»Ich habe die Gemeindeglieder über die neuen Gesangbücher befragt und folgendes entdeckt: das Problem lag einfach darin, daß die Seitenzahlen nicht mit den Liednummern übereinstimmten.«

»Junge Leute sind heutzutage auf der Suche nach einer tieferen Grundlage ihrer persönlichen Beziehungen. Auch wenn sie irren, ist es das Wichtigste, sie in ihrer wachsenden Liebe zu unterstützen, die sie füreinander haben. Irrtümer können in Wegweiser zu neuen Erfahrungen verwandelt werden.«

Ein Pfarrer sagte von sich und seinem Auftrag: »Ich habe mich entschlossen, in meinen Predigten von der TA Gebrauch zu machen, weil ich überzeugt bin, daß jemand, der zum ok-Sein gekommen ist, damit den ersten Schritt getan hat, ein ok-Glaubender zu werden.« Dieser Pfarrer sieht sich selbst als einen Christen des zwanzigsten Jahrhunderts, der in der heutigen Welt das zu tun versucht, was ein christlicher Apostel im ersten Jahrhundert zu tun versuchte. Beide Männer, durch zwanzig Jahrhunderte voneinander getrennt, bewiesen dabei ok-Originalität.

Vertrauensvolle Glaubende können in ihrer Originalität fernliegende oder ungewöhnliche Einfälle produzieren. So z.B. sieht ein solcher Mensch, daß ein Astronaut oder ein Tiefseefischer die Möglichkeit hat, die Königsherrschaft Gottes mit herbeizuführen. Ein anderer erkennt vielleicht, wie die Musik

der jungen Leute dazu dienen kann, die Frage der Lebens-
werte zu reflektieren. Ein Dritter entdeckt etwa, daß für ihn
der beste Augenblick zum Beten die Zeit ist, in der er das
Abendbrot zubereitet. Warum denn nicht? Was macht's, daß
bisher noch niemand auf diese Idee gekommen ist oder sie gar
in die Tat umgesetzt hat? Die Innere Kraft ist die Quelle
solcher Einfälle.

Nicht-ok-Eltern können abweichendes Denken mit einem
strengen Tabu belegen: »Sprich nicht mit so einem Freiden-
ker.« »Lies nicht diese krankhaften Bücher von Sartre, Scho-
penhauer oder Nietzsche.« »Wir wollen keinen von deinen
Freunden hier haben, der der Pfingstbewegung angehört, und
ich will nicht, daß eines meiner Kinder zu deren Versammlungen geht.«

Leute, die sich vom nicht-ok-K-Ich lenken lassen, ziehen der
Originalität imitatives Verhalten vor: sie tun, was jedermann
tut. Wie das Kind in der Schulklasse zum Lehrer sagt: »Der
Heinz macht die Aufgabe falsch«, finden nicht-ok-Glaubende, Originalität sei aufregend, bedrohlich und unbequem.
Solange alle alles auf die gleiche Weise machen, muß niemand
darüber nachdenken. Niemand braucht zu entscheiden, ob
etwas gut oder schlecht, hilfreich oder schädlich, wünschenswert oder unerwünscht ist.

Für nicht-ok-Glaubende sind »Tradition und Erfahrung« sta-
tisch definiert (»So haben es unsere Eltern gelernt und an uns
weitergegeben; wir müssen genau das tun, was sie uns befah-
len«). Für ok-Glaubende sind »Tradition und Erfahrung«
dynamisch und reizvoll (»Wir vergessen nicht, was wir von
den Eltern gelernt und übernommen haben, aber wir wollen
ihr Werk um einen Schritt weiterbringen«). Während nicht-
ok-Glaubende sich damit zufrieden geben, den Katechismus
oder Bibelsprüche auswendig zu lernen, sehen ok-Glaubende
die Bibel oder den Katechismus als Hilfe an, den Glauben zu
ergründen. Originalität ist der Beginn des Wachstums.

Im allgemeinen könnte man die christliche Glaubenstradition mit einem Bekleidungsgeschäft vergleichen, das die verschiedensten Artikel anbietet: einen Anzug für den Geschäftsmann, einen Lendenschurz für den Ästheten, eine Mütze für den Wanderer und Schuhe für den Tänzer. Christliche Tradition enthält genügend viele theologische Elemente, so daß jede Persönlichkeit, jedes Temperament, jede Lebensart das für sie Geeignete finden wird.

Es gibt viele Wege zu Gott, und jeder vertrauensvolle Glaubende wird sich den seinen bahnen. Die Innere Kraft strömt durch den Inneren Kern, und jeder Mensch singt das Lied des Herrn auf eine neue Weise.

5. Durchdringende Einsicht

Manchmal sind Menschen dazu herausgefordert, sich mit größeren Problemen zu befassen, die vielleicht nicht in kurzer Zeit völlig lösbar sind. Eine Anzahl solcher Probleme sind ethischer Natur: z.B. die Fragen des Krieges, der Euthanasie, der Homosexualität, der Geburtenregelung und der Schwangerschaftsunterbrechung. Andere Fragen sind theologischer und philosophischer Art: z.B. die des freien Willens, der göttlichen Gnade, der Eucharistie, der Inkarnation und viele andere. Jahrtausende hindurch haben diese Probleme die Gedanken der Menschen beschäftigt und ihr Erleben bestimmt.

Da diese Probleme sich im Leben der Menschen oft konkreten Ausdruck verschaffen, muß der einzelne Mensch immer wieder wichtige Entscheidungen treffen, indem er z.B. einen politischen Standort bezieht im Blick auf die Frage der Schwangerschaftsunterbrechung, die Arbeit für den Weltfrieden oder das Bemühen, den Haß zu überwinden, der sich in den amerikanischen Elendsvierteln zusammenbraut. Im persönlichen Bereich wird der Einzelne etwa mit dem Schwinden persönlicher religiöser Überzeugungen konfrontiert, mit der

Homosexualität eines Sohnes oder einer Tochter, mit der Einsamkeit einer alten Mutter, mit Anwandlungen von Entmutigung und Hoffnungslosigkeit. Vertrauensvolle Glaubende tragen in ihrem ER-Ich die Verantwortung für alles, was sie zu tun sich vorgenommen haben.

Nicht-ok-Glaubende vermeiden es lieber, die Wurzeln solcher Probleme verantwortlich zu ergründen; stattdessen widersetzen sie sich nur einem Gesetz oder nehmen es widerstandslos hin oder sie suchen nach einer religiösen Autorität, die die Verantwortung der Entscheidung übernimmt. So sagte ein Mann zu seinem Pfarrer: »Ich glaube, daß ich ein Recht habe, Verhütungsmittel zu gebrauchen; bitte bestätigen Sie mir, daß das in Ordnung ist.« Ein anderer fragte: »Ich finde, daß ich meinen Gottesdienst auf dem Golfplatz genauso haben kann wie in der Kirche. Stimmt das etwa nicht?« Diese beiden Männer wollten ihrem Pfarrer die Verantwortung für ihre Entscheidung auferlegen, damit sie selber in ihrem abhängigen K-Ich bleiben konnten und nur die Befehle des EL-Ichs auszuführen brauchten. Der im K-Ich steckengebliebene nicht-ok-Glaubende sieht sich in seiner Verantwortungslosigkeit nach einer Autorität um, die ihm die Erlaubnis für sein Handeln gibt. Der ok-Glaubende gibt sich aus seinem ER-Ich heraus selber die Handlungsfreiheit, d.h. er übernimmt persönlich die Verantwortung für sein Tun.

Vertrauensvolle Glaubende nehmen sich die Freiheit, dem verschlungensten Knoten eines Problems nachzuspüren mit einer Haltung des Suchens und Ausprobierens. Wenn sie dann verantwortlich handeln in Übereinstimmung mit ihrer Erfahrung, denken sie nicht an die bisher üblichen gängigen Lösungen. Vielmehr wollen sie in das Problem eindringen: sie wollen es untersuchen, erkunden, klären, interpretieren, werten und darum kämpfen, es in all seiner Fragwürdigkeit und mit all seinen Gewißheiten darzustellen, die ihnen ihre Wahrnehmung erschließt. Michael Ramsey, der frühere Erzbischof von Canterbury, schreibt: »Der Glaube kann weder versuchen, die alte Theologie in ihrer alten Form aufrechtzuerhalten, noch kann er auf der Suche nach einer Art Christentum ohne Gott die Theologie aufgeben. Sondern der Glaube führt uns ohne Furcht in die Dunkelheit, wo wir dem Gott neu begegnen, der die Toten richtet und auferweckt.«[15]

Wenn wir Einsicht suchen, die auf der tiefsten Ebene unserer Erfahrung beruht, dann benötigen wir dazu unser ER-Ich in Verbindung mit unserem intuitiven »Kind«. Aufgrund solcher Einsichten entwickelte z.B. Ignatius von Loyola seine geistlichen Übungen als Hilfe für das Gebet; eine Gruppe ökumenisch gesinnter Menschen gründete in prophetischem Geist in Taizé in Südfrankreich eine religiöse Kommunität; Berrigan richtete an das amerikanische Militärsystem eine ethische Herausforderung, indem er Einberufungsscheine verbrannte; Dietrich Bonhoeffer erkannte, daß er sich der Verschwörung anschließen mußte, deren Ziel die Ermordung Hitlers war. Ein vertrauensvoller Glaubender sein bedeutet, neue Horizonte sehen und persönlich wie gemeinschaftlich mit der Inneren Kraft, die im Inneren Kern der Menschen wirkt, in Kontakt bleiben.

6. Sensibilität für die Ganzheit des Lebens

Vertrauensvolle Glaubende sind aufgerufen, über die sie umgebenden Probleme nicht nur ernstlich nachzudenken, sondern auch ihre eindringenden Einsichten so zu übersetzen, daß sie für alle Lebensbereiche Sinn und Bedeutung gewinnen: d.h. die Einsichten in Worte fassen, sie anderen mitteilen und sie damit für sich selbst und für andere konkret und anwendbar machen.

Theologen wie Augustin, Thomas von Aquin, Luther, Calvin und Karl Barth versuchten, die Einsichten, die sie in Gott gewonnen hatten, so vollkommen als möglich darzustellen. Ihre domgatischen Schriften fassen ihre Einsichten in einem eindrucksvollen Ganzen zusammen. Ihre Bücher – zwar mit all ihren Grenzen und Färbungen durch die gesellschaftlichen Prägungen ihrer Zeit – sind ein Zeugnis für die analytische und synthetische Kraft des Kreativen in einem glaubenden Menschen.

Als ein weiteres Beispiel eines vertrauensvollen Glaubenden, das der alltäglichen Erfahrung näher liegt, nennen wir Dorothee. Sie sieht ihre drei Kinder als besondere Gottesgabe an. Diese Einsicht befähigt sie, alles, was sie tagsüber zu tun hat, in ihre Verbundenheit mit Gott hineinzunehmen: so, wenn sie ihren Kindern zu essen gibt oder sie wäscht, wenn sie ihnen Kleider kauft oder sie zu Bett bringt, wenn sie mit ihnen spielt oder ihnen Märchen erzählt, wenn sie ein Buch über Kindererziehung liest oder ihrem Mann berichtet, was die Kinder in der Schule erlebt haben. Um diese Gottesgabe – ihre drei Kinder und den fürsorglichen Ehemann – kann sie ihr Glaubens- und Alltagsleben miteinander verbinden.

Linda, Verkaufsleiterin in einem Kaufhaus, zentriert ihren Glauben auf ihre Erfahrung von Gemeinschaft. Das Wort Jesu »Ihr seid meine Jünger, so ihr Liebe untereinander habt« (Joh 13,35) ist ihr liebstes Bibelwort. Als vertrauensvolle Glaubende ist sie imstande, nicht nur ihren Mann und ihre Familie sowie die Mitglieder ihrer Kirchengemeinde als Freunde zu behandeln, sondern auch ihre Mitarbeiter im Kaufhaus. So ermutigt sie z.B. die Verkäufer und Verkäuferinnen, ihre Meinung zu sagen, zieht sie bei Entscheidungen zurate; und sie spricht oft von sich und dem Verkaufspersonal als von »unserem Team«. Sie sieht die Freundschaft mit all ihren Mitmenschen als einen Weg an, ihren Glauben zu konkretisieren und zu einer inneren Einheit zu bringen.

Die Innere Kraft kann dem vertrauensvollen Glaubenden dazu verhelfen, eine Sensibilität für sein Leben als Ganzheit zu entwickeln.

7. Beständiges inneres Wachstum

Jemand hat einmal die Bemerkung gemacht: »Obwohl die Menschen in den meisten Bereichen ihres Lebens reifer werden, bleiben viele jedoch im Blick auf ihren Glauben in einem unreifen Zustand.«

In der Zeit zwischen Kindheit und Erwachsensein verändert der Mensch ständig seine Einstellung und seine Bewertungen gegenüber seinen Erfahrungen von Liebe, Glück, gutem Essen, Freundschaft, Lebensstil und Lebensqualität. »Da ich ein Kind war«, schreibt Paulus, »redete ich wie ein Kind und war klug wie ein Kind und hatte kindische Anschläge; da ich aber ein Mann ward, tat ich ab, was kindisch war« (1 Kor 13,11). Viele Menschen, die auf anderen Lebensgebieten reifer geworden sind, haben sich niemals Zeit und Mühe genommen, in ihrem theologischen Denken weiterzukommen. So sagen sie etwa: »Gottes Vergebung wird die schwarzen Flecken der Sünde auf meiner Seele schon abwaschen« oder »Einsam und wartend sitzt Gott in der kleinen Hostie im Tabernakel«, oder »Gott hat für jeden Menschen einen Plan, den müssen wir erkennen und bis ins kleinste Detail ausführen«. Obwohl in solchen Feststellungen ein Körnchen theologischer Wahrheit enthalten sein mag, so sind sie doch weit davon entfernt, eine reife Aussage über Gott und den Glauben zu sein. Sätze dieser Art mögen dem Denken eines sechsjährigen Kindes entsprechen, können aber einen erwachsenen Glaubenden nicht befriedigen.

Viele Erwachsene lehnen den Glauben ab, obwohl sie sich mit ihm niemals wirklich auseinandergesetzt haben; sie haben ihn nur in einer unreifen Form kennengelernt, gleichsam in einer Art Babynahrung.

Andererseits scheinen manche Glaubende für einen erwachsenen Glauben reif zu sein. Der Apostel Paulus sah, daß viele der von ihm Bekehrten wie kleine Kinder behandelt werden mußten. »Milch habe ich euch zu trinken gegeben und nicht feste Speise; denn ihr vertragt sie noch nicht. Auch könnt ihr sie jetzt noch nicht vertragen« (1 Kor 3,2).

Eine der Erfahrungen, die vertrauensvolle Glaubende auf ihrem Weg des beständigen inneren Wachstums machen, besteht darin, daß sie immer wieder neue Einsichten gewinnen im Wahrnehmen der Realität. Diese Erfahrungen mobilisieren und verändern den Inneren Kern, so daß die Glaubenden wirklich immer wieder neu geboren werden. Nikodemus fragte Jesus nach dem Reich Gottes, und Jesus antwortete: »Wahrlich ich sage dir: es sei denn, daß jemand von neuem geboren werde, so kann er das Reich Gottes nicht sehen« (Joh 3,3). In unsere Sprache übersetzt: Wenn jemand sagen kann: »Ich bin wirklich ok«, erlebt er das beglückende Gefühl einer Wiedergeburt. Er kann dann sogar »im fremden Land« das Lied des Herrn singen.

Immer, wenn jemand durch die Innere Kraft erneuert worden ist, erschließen sich ihm neue Ebenen des ok-Seins und damit tiefere Dimensionen des Glaubens. Daraus erwächst das Bedürfnis, Gesehenes und Erlebtes neu zu definieren und einzuordnen. Wie der Blindgeborene, der zum ersten Mal etwas sehen kann, erlebt der vertrauensvolle Glaubende, daß ein Schleier nach dem anderen von seinem inneren Auge weggezogen wird.

Nicht-ok-Leute wollen in ihrem eigenen geistigen Rahmen bleiben, der ihnen vertraut ist und in dem sie sich sicher fühlen. Sie denken in den alten Geleisen; ihr Denken ist *reproduzierend,* nicht schöpferisch. Das vollzieht sich meist auf fixierten und voraussagbaren Wegen, wie auf einem Fließband. Für die meisten dieser Menschen gilt, daß ihre Gedanken schon alle ausgedacht waren: sie reproduzieren nur. Diese Menschen lösen Probleme nach vorgedruckten Instruktionen. Frische Quellen aufzusuchen ist ihnen unbequem, sie ziehen herkömmliche Verhaltensweisen vor. Wenn ein Problem nicht zu ihren Instruktionen paßt, würden sie eher die

Realität des Problems den Vorschriften anpassen, als neue Wege zu suchen, um das tatsächliche Problem zu lösen.

Ok-Glaubende scheuen sich nicht, Fehler zuzugeben oder ihre Meinung zu ändern.

Der vertrauensvolle Glaubende erkennt an, daß auch die Kirche eine in die Geschichte eingebettete Realität ist, deren Lehren und Vorstellungen in einer steten Entwicklung begriffen sind. Im Lauf der Jahrhunderte hat die Kirche des öfteren ihren Standort modifiziert, ihre Gedankengänge und sogar ihre Meinung geändert. Dies ist nicht beunruhigender als die parallele Erfahrung, daß ein Kind sich durch die Reflexion seiner eigenen Erfahrungen entfaltet. Nicht-ok-Glaubende mögen sich bedroht fühlen oder sich aufregen, wenn sie mitansehen müssen, wie ihre Kirche sich verändert; ok-Glaubende sehen dagegen in diesem kollektiven Wandel Zeichen des Lebens und des Wachstums.

Vertrauensvolle Glaubende nehmen wahr, daß die Kirche sich ständig entwickelt, und daß sie noch nicht die volle Tiefe ihres gegenwärtig möglichen Selbstverständnisses ausgelotet hat. Vertrauensvolle Glaubende bleiben auf jeder Entwicklungsstufe ihrer Kirche treu und arbeiten mit an diesem Wachstum und dieser Veränderung. In einer lebendigen Kirche sind Potenzen vorhanden, die noch nicht völlig aktualisiert sind. Die Rolle der Frau in der Kirche ist für diese Entwicklung ein gutes Beispiel. Von den römisch-katholischen Konzilien früherer Zeit sind Frauen systematisch ausgeschlossen worden; beim Zweiten Vatikanischen Konzil durften Frauen von der Galerie aus die Sitzungen verfolgen. Für künftige Konzilien könnten sich weitere Veränderungen ergeben. Die Wandlung geht weiter, weil die Innere Kraft am Werk ist.

Nehmen Sie sich einige Augenblicke Zeit

Ziehen Sie auf einem Blatt Papier eine Mittellinie von oben nach unten. Auf der linken Seite notieren Sie einige Worte, Ereignisse oder Erfahrungen, die Ihr ok-Sein bedrohen könnten. Auf der rechten Seite schreiben Sie hin, was Ihr ok-Sein stärkt und die Innere Kraft in Ihnen frei strömen läßt. Erhalten Sie als vertrauensvoller Glaubender genügend Nahrung zum Wachstum? Was können Sie dazu beitragen, um Ihre Situation zu verbessern?

7 WAS IST ES DENN FÜR EIN HAUS, DAS IHR DEM HERRN BAUEN WOLLT?

Jesaja 66,1

Ok-Gemeinden

Kirchliches Leben

In einer Gemeinde scheinen bestimmte Aktivitäten Eifersucht und Haß hervorzurufen, Gefühle, die im Widerspruch zu erklärten Glaubensinhalten stehen.

In einer anderen Gemeinde fühlen sich die Menschen, wie sie sagen, von einem unsympathischen Pfarrer abgestoßen oder durch die Gleichförmigkeit des Rituals und der Liturgie gelangweilt.

In wieder anderen Gemeinden legen die Leute mehr Wert auf die Ordnung als auf die Liebe und messen dem Geld mehr Bedeutung bei als dem Leben aus dem Glauben.

Eine Gemeinde gibt es, da tanzen die Leute wie Marionetten nach dem Willen eines kirchlichen Amtsträgers, der die Schnüre zieht.

Dieser Probleme wegen und angesichts vieler anderer problematischer Situationen in den Gemeinden könnte es hilfreich

140

sein, Vorgänge kirchlichen Lebens im Licht der Transaktionsanalyse zu betrachten.

Genau so, wie die Menschen sich in der Art des in ihnen
vorherrschenden Ichzustandes präsentieren, wird auch das
Erscheinungsbild einer Kirchengemeinde oder Gruppe von
dem Ichzustand gekennzeichnet, der in ihr am stärksten aus-
geprägt ist.

Wie die einzelnen Menschen ihre Position zum religiösen
Leben als Ganzem beziehen, so kann auch eine Kirchengemeinde eine ok- oder nicht-ok-Einstellung sich selbst und den
anderen gegenüber beziehen.

Welcher Art von Gemeinde würden Sie am liebsten angehören? Was für ein Haus würden Sie gern dem Herrn bauen?

Man kann fünf Arten von ok- bzw. nicht-ok-Gemeinden
unterscheiden:

    die strafende und übergenaue EL-(nicht-ok-)Gemeinde,
    die nährende EL-(ok-)Gemeinde,
    die feindselige oder regressive K-(nicht-ok-)Gemeinde,
    die freie K-(ok-)Gemeinde,
    die ER-(ok-)Gemeinde.

Diese Gemeindetypen werfen ein helles Licht auf die Ver-
schiedenheit der Menschen und des Erlebens, daher sollen sie
im einzelnen besprochen werden.

In einer strafenden und übergenauen
EL-(nicht-ok-)Gemeinde

In einer solchen Gemeinde ist das *Kirchengebäude* ein Ort,
den niemand gerne betritt, außer, wenn er dort etwas zu
erledigen oder pflichtgemäß zu erscheinen hat, weil ihm andernfalls Sündenstrafen oder höchste Mißbilligung drohen. In
dieser Kirche ist, wie in einem Gefängnis, alles an Vorschriften und Regeln gebunden. Jedermann kennt diese Vorschriften, und für Neulinge sind sie gut sichtbar ausgehängt.

Schilder, auf denen »Nicht berühren« steht, drohen an Türen und Wänden, in Nebenräumen, an der Orgel, am Altar, an Bänken und Büchern. Auf den Außenstehenden wirkt die Kirche wie ein Gebäude, das nicht zur Benutzung da ist. Sie erinnert an das Wohnzimmer der Frau Saubermann, in dem niemand den Teppich betreten, auf dem Sofa sitzen oder eine Zigarette im Aschenbecher liegen lassen darf. Die Bestimmung dieser Kirche, an ihre Mitglieder Strafen und Ermahnungen auszuteilen, wird noch dadurch verstärkt, daß die Wände mit aller Ausstattung gleichsam die Schuld- und anderen nicht-ok-Gefühle vieler Generationen widerspiegeln.

In solch einer Gemeinde ist bei Zusammenkünften, im Gottesdienst und bei anderen Gelegenheiten wenig oder nichts von Gemeinschaft oder Freundlichkeit zu spüren. Die Leute finden sich nur widerstrebend zu verantwortlicher Mitarbeit oder zu sozialen Unternehmungen bereit, weil die meisten – vom Pfarrer bis zum Küster – den Boß spielen wollen; so ist nur der Willfährigste bereit, eine Aufgabe zu übernehmen. Bei Zusammenkünften ist niemand an Zusammenarbeit interessiert, statt dessen hört man meist Äußerungen, die aus dem strafenden EL-Ich kommen: »Das geht hier nicht«, »So etwas ist hier nicht erlaubt«, »Ich werde dir schon sagen, wie du dich zu benehmen hast, dazu bin ich schließlich da«, »Faß doch das nicht immer an«, »Mir ist es einerlei, von wem diese Idee stammt, ich weiß es eben besser« usw.

Neue Gemeindeglieder fühlen sich bald abgestoßen, ihre Teilnahme an Zusammenkünften und Gottesdienst wird immer spärlicher und hört schließlich ganz auf. Die Enttäuschten suchen anderswo Anschluß und schließen sich Gemeinschaften an, in denen sie sich heimisch fühlen – mit Ausnahme derer, die sich von dem manipulierenden Pfarrer durch Androhung irdischer und himmlischer Strafen zum Bleiben bewegen lassen.

Wenn die *Pfarrer* solcher Gemeinden die Mentalität des

strafenden EL-Ichs haben, so wird sich diese in ihren Predigten und in ihrem persönlichen Umgang mit den Gemeindegliedern sehr rasch zeigen. Pfarrer vom Typ des übergenauen EL-Ichs würzen ihre Predigten und Beratungen mit einer Menge Regeln, Vorschriften, Ratschlägen, Klischees und Gemeinplätzen. In beiden Spielarten neigen die Pfarrer dazu, den Leuten ein Minderwertigkeitsgefühl beizubringen, indem sie betonen, wie unzulänglich oder ungehorsam sie sind; sie stoßen Drohungen des Kirchenbannes aus, verhängen kanonische Strafen und versuchen mit Hilfe von Angst und Verunsicherung zu arbeiten. Ein solcher Pfarrer wird dem anderen Mangel an theologischer Schulung vorwerfen, Unfähigkeit zu guten Werken nachweisen und das Fehlen von religiöser Erfahrung unterstreichen.

Vielleicht sind Pfarrer dieser Art wohlmeinende Menschen, die die Sprache des strafenden EL-Ichs nur sprechen, weil dies die einzige ihnen mögliche Sprache ist, oder weil Generationen von Geistlichen vor ihnen so geredet haben und weil man sie gelehrt hat, es ebenso zu machen. Andere Pfarrer mit einem konstanten EL-Ich finden es einfach leichter, die Fehler der Menschen und ihre Mängel zu unterstreichen, als ihnen in einem langsam vonstatten gehenden Prozeß zum ok-Sein zu verhelfen. Oft nehmen diese Pfarrer nicht wahr, daß sie die Menschen letztlich von dem Herrn wegführen, dem sie, wie sie bekennen, dienen wollen.

Ein charakteristischer Zug der Pfarrer, die vom nicht-ok-El-Ich bestimmt werden, ist, daß sie viele der natürlichen Gaben Gottes so hinstellen, als seien sie tödliche Gefahren. So setzen sie z.B. Muße, Lachen, Freude an gutem Essen, den menschlichen Leib, die sexuelle Beglückung herab, weil sie mit der »Welt und ihrer Lust« verbunden seien. Sie wollen ihre Gemeindeglieder glauben machen, das menschliche Herz sei nicht ok, weil es »vor Lust brenne«, und die Welt sei nicht ok, weil sie diese »Lust zu wilden Flammen anheize«.

Manche Kirchenbezirke und Diözesen sind mit *kirchlichen Würdenträgern* gestraft, die starke Tendenzen eines strafenden nicht-ok-EL-Ichs an den Tag legen. Briefe an ihre »Untertanen« strotzen von unwiderruflichen Weisungen, die keine Ausnahme oder Entschuldigung zulassen: »Von jetzt an soll niemand jemals und unter keinen Umständen . . .« Ein Paragraph nach dem anderen legt die Bürde dieses »du sollst« und »du sollst nicht« auf die Schultern von Pfarrern und Laien. Untergebenen wird das Gefühl beigebracht, minderwertig, unsicher, unfähig und unannehmbar zu sein. Wenn ein solcher Hirtenbrief kommt, der in jeder Kirche verlesen werden muß, murren die Gemeindeglieder innerlich und erwarten von vornherein eine neue Restriktion oder Einschränkung, die ihrem Denken und Handeln auferlegt wird.

Kirchen, in denen das strafende und übergenaue EL-Ich regiert, sind traurige Orte. Sogar den ganz vertrauensvollen Glaubenden vermitteln sie auf die Dauer destruktive Erfahrungen. Bestenfalls schaffen sie eine Situation, die manche Leute einfach zum Austritt zwingt; die anderen sind so abhängig geworden, daß sie diesen Schritt nicht vollziehen. Im schlimmsten Fall bringen Gemeinden dieser Art Generationen von nicht-ok-Glaubenden hervor, die niemals dazu gelangen, der Fülle der Liebe Gottes ansichtig zu werden. Statt dessen wird ein herzloser, rachsüchtiger Gott gepredigt und Jahrhunderte hindurch fiktiv am Leben erhalten.

In einer nährenden EL-(ok-)Gemeinde

In einer solchen Gemeinde herrscht eine anheimelnde Atmosphäre im *Kirchengebäude.* Tagsüber und am Abend sieht man zu jeder Stunde die Leute kommen und gehen; da gibt es Zusammenkünfte und Gottesdienste, Vorbereitungsgespräche für gesellige Abende, Konfirmandenstunden und den Gottesdienst des nächsten Sonntags. Jedermann ist willkommen. Es wird eine Menge geplant, und das Geplante wird ausgeführt. Eine Gruppe befaßt sich vielleicht mit dem Thema »Frieden«, eine andere mit der Reform des Schulwesens, und für beide Gruppen ist die Kirche der Treffpunkt. Die vom nährenden EL-Ich gelenkte Gemeinde hat als Hauptanliegen, *die Bedürfnisse der Menschen* in ihr zu befriedigen. Die Gemeindeglieder zeigen einen bemerkenswert hohen Grad an sozialer Wahrnehmungsbereitschaft. Es wäre nicht überraschend, im politischen Leben und im vielfältigen Fürsorgewesen der kommunalen Gemeinde eine Anzahl von Leuten zu entdecken, die einer nährenden EL-Gemeinde angehören.

In einer Gemeinde dieser Art gibt es vielleicht nur wenige Vorschriften, und diese wurden nicht als Selbstzweck erlassen, sondern um den störungsfreien Ablauf der Aktivitäten zu ermöglichen. Wo so viele Leute sich so viele Dinge vornehmen und ausführen, wo so viele Einrichtungsgegenstände (Tische, Stühle, Filmprojektoren, Lautsprecher) vorhanden sind, die von so vielen benutzt werden, braucht man eine gute Organisation. In einer Gemeinde vom strafenden EL-Typ sind die Schlüssel wahrscheinlich in einem Safe verwahrt, so daß niemand drankommt, dagegen sind sie in einer nährenden EL-Gemeinde höchstwahrscheinlich an einem gut sichtbaren Platz zur allgemeinen Benutzung aufgehängt.

Der *Gemeinschaftssinn* ist stark und kreist – nach typischer Elternart – um das innere Wachstum und die Entfaltung der Mitmenschen. Für jedermann werden religiöse und soziale Aktivitäen geplant. Die Erwachsenen sind damit beschäftigt, das soziale Engagement der Gemeinde aufrechtzuerhalten. Spielkreise und Basare stehen auf dem Programm, Bildungsseminare und Gesprächsgruppen für Brautpaare werden organisiert, Wochenendfreizeiten und -seminare werden besucht. Die Menschen ermutigen und loben einander; es gibt stets genügend Freiwillige, die sich für notwendig werdende

Arbeiten zur Verfügung stellen. In solch einer Gemeinde werden alle wichtig genommen, auch die Kinder. Man kommt zur Kirche, weil man sich in ihr zuhause fühlt.

Der Pfarrer kann die nährende EL-Gemeinde zu einem aufregend lebendigen Ort machen, wo man einander begegnet, wo die Dinge im Fluß sind. Pfarrer und Mitarbeiter der nährenden Gemeinde sind daran kenntlich, daß sie ihren Gemeindegliedern ermutigenden Beistand leisten. Sie schaffen hilfreiche Strukturen, so daß unzählige Aktivitäten reibungslos ablaufen. Bei Versammlungen spenden sie lieber Lob, als daß sie kommandieren. Sie achten darauf, daß die notwendigen Hilfsmittel nicht ausgehen. Wie gute Eltern sehen sie abends nach, ob die Lichter ausgeschaltet und die Türen verschlossen sind. Sie fragen gelegentlich, ob sie jemanden irgendwohin fahren oder für jemanden ein nötiges Telefongespräch führen können. Wie fürsorgliche Eltern sind diese Pfarrer ok und freuen sich zu sehen, wie das junge Volk anfängt, in der Gemeinde Verantwortung zu übernehmen; sie loben es beim Erfolg und helfen ihm beim Mißlingen.

Bischöfe und Kirchenführer vom Typ des nährenden EL-Ichs erscheinen als wohlwollende Diktatoren. Obwohl ihre Hirtenbriefe und Aufrufe an die ihnen unterstellten Gemeinden Direktiven und Weisungen enthalten, werden sie doch anerkannt, denn sie kommen ja von Vorgesetzten, die das Interesse der Gemeinde im Auge haben. Vorschriften solcher Würdenträger sind beschützend, hilfreich, auf Sicherheit bedacht und instruktiv. Solche Persönlichkeiten sind manchmal vom Pioniergeist getragen, besonders, wenn sie überzeugt sind, daß das Geplante für die Gemeinden hilfreich sein wird; und die Menschen lernen, ihrer Erfahrung, Weisheit und Führung zu vertrauen.

In einer nährenden EL-Gemeinde gibt es meist eine Anzahl von ER- und ok-K-Glaubenden. So wird sie von allen drei Ichzuständen getragen: das Eltern-Ich macht sie effizient, das

Erwachsenen-Ich lenkt sie durch Klarheit und Vernunft, und das Kindheits-Ich gibt ihr die Heiterkeit. Die, die zu einer solchen Gemeinde gehören, fühlen sich gesegnet und sind zur Mitarbeit bereit, um die ok-Situationen dieser Gemeinschaft zu erhalten.

In einer feindseligen oder regressiven K-(nicht-ok-)Gemeinde

In einer solchen Gemeinde ist die Atmosphäre oft hoch geladen. Das *Kirchengebäude* hallt manchmal von explosiven Emotionen wider; danach aber herrscht dumpfe Stille. Bei Versammlungen und in den Gottesdiensten fühlen sich die Menschen schon durch ihre bloße Anwesenheit nicht-ok, so, als gingen ungesunde Vibrationen von diesem Ort aus. Und das empfinden alle, wer sie auch seien. Es ist weniger der Inhalt der gesprochenen Worte, als vielmehr die Art, in der sie so unkontrolliert hingeworfen werden: die Leute tun einander weh. Solch eine Gemeinde hat weder die hilfreichen Regeln des nährenden EL-Ichs, noch die klare Vernünftigkeit des ER-Ichs. Sie brodelt von Emotionen.

In der feindseligen nicht-ok-K-Gemeinde ist der *Gemeinschaftssinn* erzwungen und kontrolliert. Zusammenkünfte gipfeln meist in lebhaften Auseinandersetzungen oder in dumpfem Schweigen. Jeder will *seine eigene* Ansicht durchsetzen; es ist wie in einer Kinderschar, wo jeder das Spiel anführen möchte. Es geschieht kaum etwas, wenn überhaupt. Die Leute reden in vorwurfsvollem Ton von Cliquenwirtschaft und Parteilichkeit. »Mit *der* würde ich nicht in einem Arbeitskreis sein wollen.« »Wenn du wissen willst, wie die Hölle ist, dann versuch nur, mit dem zusammen zu arbeiten.« »Du bist genau wie meine Mutter.« »Machen wir jetzt hier Schluß und gehen irgendwo was trinken.« »Von dir haben wir heute abend genug gehört.« »Laß mich meine zwei Zehner in die Büchse tun.«

Wenn die *Pfarrer* die nicht-ok-K-Gemeinde noch dadurch bestärken, daß sie selber in einem nicht-ok-K-Ich fixiert sind, verlangen sie oft, daß alles nach ihren Vorstellungen gemacht wird, »sonst kommt hier überhaupt nichts zustande«. Solche Pfarrer spielen den Boß, geben sich bei Veranstaltungen höchst volkstümlich und sind die Hauptsprecher bei allen Unternehmungen. Wenn sie sich provoziert fühlen, reagieren sie auf zweierlei Art: die einen werden aggressiv und böse, lassen ihrer schlechten Laune freien Lauf, argumentieren mit irrationalen Behauptungen; die anderen verkriechen sich, bis ins Mark verletzt, mit zitternden Lippen in die Stille. Solche Pfarrer können emotional unberechenbar sein: sie sind auf der Höhe der Gefühle, wenn ihnen jemand schöntut, bösartig wie angekettete Tiger jedoch, sobald sie sich angegriffen fühlen, und tagelang verdrossen, wenn sie auf Ablehnung stoßen.

Die Folge ist, daß die Gemeindeglieder mit solchen Pfarrern nur im Notfall Kontakt suchen und einen weiten Bogen um sie machen, um eine Begegnung zu vermeiden. So sagt eine Frau etwa zur anderen: »Marga, jetzt ist's ruhig, du kannst Pater Harnisch anrufen. Ich sprach eben mit ihm, er ist bester Laune. Und schließlich kann er dir nicht den Kopf abreißen.«

Noch verheerender wirken *Bischöfe und Kirchenführer,* die vom nicht-ok-K-Ich bestimmt werden. Ihre Hirtenbriefe sind oft höchst emotional gefärbt, manchmal giftig. Eigenwilligkeiten der Untergebenen werden als persönlicher Affront aufgefaßt. Es ist fast unmöglich, mit solchen Würdenträgern zu einem Dialog auf der Ebene ER-Ich zu ER-Ich zu gelangen.

Ihre Entscheidungen basieren oft auf reiner Laune oder auf einem Impuls; sie interpretieren den Augenschein in negativem Sinne. Untergebene und Mitarbeiter gehen solchen Vorgesetzten möglichst aus dem Wege. Sollten sie dem kirchlichen Vorgesetzten doch gegenübertreten müssen, ist jedes zweite Wort ein »Ja«, »sehr wohl«, »Das ist eine gute Idee«, »Ich werde es sofort tun«. Untereinander sagen sie aber: »Gib immer nach, sonst liefert er dich ans Messer!«

Die Gemeinde, die dem Typus des feindlichen oder regressiven nicht-ok-K-Ichs angehört, befindet sich in der denkbar schlimmsten Situation, denn ihr Störungsherd liegt unbewußt und tief in den emotionalen Schichten der Beteiligten. Leute, die von Pfarrern dieses Typs geplagt werden, sollten alles tun, darauf hinzuarbeiten, daß sie sich in fachmännische therapeutische Behandlung begeben. Die Gemeinden aber, die kirchliche Würdenträger dieser Art ertragen müssen, können wahrscheinlich nur für sie beten, vielleicht ihnen entgegentreten; und, wenn die Gemeindeglieder selbst ok sind, versuchen, die kirchlichen Vorgesetzten trotz dieser negativen Seiten zu akzeptieren.

In einer freien K-(ok-)Gemeinde

In einer solchen Gemeinde vermittelt schon das *Kirchengebäude* den Hereinkommenden das Gefühl von Wärme und Freundlichkeit. Im Gottesdienst und bei Versammlungen hat man den Eindruck, alle Leute seien entspannt, sie lächeln und lachen und reden miteinander (oft sogar während des Gottesdienstes).

In solch einer glücklichen Gemeinde, die aus dem K-Ich heraus lebt, laufen die zu erledigenden Dinge vielleicht nicht ganz perfekt ab, aber die Leute haben ihren Spaß schon allein am Zusammensein. In dieser Atmosphäre scheinen die kreativen und freien Geister vorzuherrschen.

Der Grundton in einer ok-K-Gemeinde ist ihr *Gemeinschaftssinn*. Ausflüge und Busfahrten werden gemacht, es gibt einen Kegelclub, man arrangiert gesellige Abende und gemeinsame Mahlzeiten. Die aus dem K-Ich kommende Betonung liegt auf dem gelösten Zusammensein. Die Teilnahme der Gesamtfamilien ist erwünscht.

Pfarrer, die selber auch aus dem ok-K-Ich leben, sind heiter und freundlich. Die Leute sammeln sich um sie, nicht um weise Sprüche zu hören, sondern um zu lachen und dabei zu sein. Diese Pfarrer sind spontan, oft folgen sie einer Laune und strahlen anziehende Wärme aus. Zu den Versammlungen kommen sie gern, sie sind voller Ideen und Begeisterung, und jeder freut sich an ihrer Gegenwart. Sie können Organisationsvermögen (nährendes EL-Ich) kombinieren mit kreativen Ideen (freies K-Ich), aber dies muß nicht so sein. Man darf nicht erwarten, daß diese klugen Ideen auch immer mit wohlformulierten Plänen verbunden sind.

Vom ok-K-Ich bestimmte Pfarrer werden gern eine Einladung zum Essen annehmen, sie werden aber nicht die Ärmel aufkrempeln, um das Kochen zu übernehmen. Den Jahresbericht der Gemeinde haben sie kaum je zur rechten Zeit fertig, aber da sie so nette Leute sind, nimmt es ihnen niemand übel.

Manche Pfarrer werden im Kegelclub mitmachen und beim Basar der Frauenarbeit mehr Pflaumenkuchen essen als sonst irgend jemand. Ihre Predigten sind voll von Liebe, Freude und Freundlichkeit. Sie ermutigen die Leute, Gottes kleine Kinder zu werden, die Jesus mit besonderer Zärtlichkeit liebt. Man lädt diese Pfarrer gern ein, und wenn sie wollten, könnten sie jeden Abend bei einer anderen Familie zu Gast sein.

Kirchenführer dieser Gemütsart füllen ihre Hirtenbriefe und Ansprachen mit Zeichen der Wärme und Zuneigung. Da gibt es keine Aufzählung von Direktiven und Anweisungen, sondern es wird vor allem betont, was in den betreffenden Gemeinden alles an Gutem vorhanden ist; wenn diese Briefe verlesen werden, klingen sie, als hätte ein Freund einem Freunde geschrieben. Infolge ihres Interesses und ihrer Begeisterung schmieden diese Vorgesetzten mehr neue Pläne, als sie je ausführen können.

Gemeinden mit einem ok-K-Ich haben vielleicht nicht viel an

Ergebnissen aufzuweisen, wie z.B. neue Gebäude, neue Bildungsprogramme, Vortragsreihen, statistische Erhebungen, ausgeglichene Finanzen, aber die Atmosphäre ist von guter Stimmung und Freude geprägt. Diese Gemeinden sind eine Art »Gelobtes Land«.

EL- und ER-bestimmte Leute werden sich hier am wohlsten fühlen, wenn sie in sich die Gemütslage des K-Ichs beleben. Durch diesen Kontakt können vom K-Ich bestimmte Menschen die Schwierigkeiten verstehen lernen, die vorwiegend EL-gelenkte Leute haben, und sie können diesen das Wesen des K-Ichs vorsichtig nahe bringen. Wenn EL- und ER-bestimmte Menschen erst einmal am Erleben des ok-K-Ichs Geschmack gefunden und begriffen haben, daß diese Erlebnisart höchst beglückend ist, werden sie sicher gerne wiederkommen, um mehr davon zu erfahren.

In einer ER-(ok-)Gemeinde

Schon die Atmosphäre des *Kirchengebäudes* weist darauf hin, daß in dieser Gemeinde das ER-Ich vorherrscht. Hier richtet man den Blick ohne Emotionen auf Fakten, Informationen und auf gegenseitiges Verständnis. Die Gemeindeglieder sind bereit, die sich ringsum ereignende Veränderung zu akzeptieren, und sie werden keine Mühe haben, eine Änderung oder Anpassung zu vollziehen, vorausgesetzt, daß die neuen Vorschläge vernünftig und nützlich erscheinen. Wenn z.B. die Liturgie oder die Feier der Sakramente abgeändert werden sollen, werden die Leute in einer ER-Gemeinde über die Empfehlungen nachdenken, sie prüfen und zusätzliche Informationen einholen. Sind die Informationen einleuchtend, werden sie einen Versuch machen. Sollte dieser fehlschlagen, suchen sie einen anderen Weg. ER-Glaubende führen neue Ideen nur dann aus, wenn die Änderungen für die Gemeinde sinnvoll sind. ER-Glaubende fügen sich gern, wenn vernünfti-

ge Anweisungen gegeben werden, aber »blinder Gehorsam«
ist ihnen völlig fremd.

In einer solchen Gemeinde wird der ökumenische Geist durch
einen starken *Gemeinschaftssinn* gefördert. Die Mitglieder
interkonfessioneller Gruppen werden im allgemeinen vom
ER-Ich gelenkt. Ein ER-Glaubender stellte z.B. fest: »Ich
ziehe eine Situation vor, wo nicht alle dasselbe denken, sondern in der ich verschiedene Richtungen antreffe, über die
man sich aussprechen kann.« Anstelle von Spiel- und Tanz-
abenden und von Ausflügen veranstalten ER-Glaubende lieber Vortragsreihen und Filmvorführungen, sie sorgen für
Bildungsprogramme, geben ein eigenes Gemeindeblatt heraus, halten ökumenische Seminare und beteiligen sich an
sozialer Arbeit, d.h. also, sie bevorzugen Aktivitäten, in
denen Informationen und Ideen auf der Basis echter Frage-
stellung ausgetauscht werden und das Tun sich daran orien-
tiert. In solchen Gemeinden entstehen individuelle Freund-
schaften meist auf der Grundlage gemeinsamer Interessen.

Die Pfarrer des ER-Typs sind denkende und nachdenkliche
Menschen. In der Diskussion werden ihre Fragen den Gruppen und den Einzelnen meist dazu verhelfen, bis zum Kern
des Problems vorzudringen. Sie suchen nach Fakten und
Informationen und sind in der Lage, in kritischen Situationen
nützliche Aufklärung und hilfreiches Zugreifen zu bieten.

Als ER-Glaubende lassen sich diese Pfarrer nicht von Leuten
schrecken, die Änderungen für die Kirchenpolitik und -praxis
vorschlagen. Im Gegensatz zu den Pfarrern, die vom EL-Ich
dirigiert werden und dazu neigen, die Freiheit anderer zu
beschneiden, betonen ER-Pfarrer die vielen Möglichkeiten
von Freiheit, die den Gemeinden zur Verfügung stehen.

ER-Pfarrer sind imstande, jeden Menschen als einmalige
Person anzusehen und ihn auf jeder Stufe seiner religiösen
Entwicklung und auf dem Weg vom nicht-ok-Sein zum ok-
Sein, anzunehmen. Diese Pfarrer wollen Männer und Frauen

in die kirchliche Mitarbeit hereinholen: in die Verwaltung, in die Arbeit an der Liturgie, an der Verkündigung und am praktischen Glaubenszeugnis. In ihrer traditionellen Rolle des Pfarrers als eines Verwalters von Gottes Wort und Sakrament setzen sie dort an, »wo die Menschen gerade jetzt stehen«. ER-bestimmte Pfarrer lernen es, ihre Einsichten so zu formulieren, daß die Menschen ihre Worte und Ideen verstehen. Sie wollen ihre Gemeindeglieder nicht verwirren und nicht »überfahren«. Klares Denken ist die Grundlage ihres ganzen Wesens.

ER-bestimmte *Kirchenführer* sind, wie die ER-Pfarrer, im allgemeinen bereit, zuzuhören, zu lernen und die Dinge zu ergründen. Sie sind an neuen Versuchen interessiert und als erste bereit, neue Wege für die Liturgie und kirchliches Handeln vorzuschlagen. Indem sie diese Anstöße zu Neuerungen für die Liturgie, die Gebetsordnung, die Verwaltung der Sakramente, den katechetischen Unterricht, für neue theologische und ethische Fragen geben, behalten sie aber gleichzeitig die Objektivität eines Richters in der Auswertung und Beurteilung dieser Neuerungen.

EL-dirigierte Vorgesetzte sehen Neuerungsversuche als Bedrohung der christlichen Tradition an; vom K-Ich gelenkte Vorgesetzte geben sich dem Experiment so emotional hin, als sei es ihr neugeborenes Kind; ER-Vorgesetzte dagegen drängen weder zu sehr darauf, neue Ideen durchzusetzen, noch verlangen sie, daß die Ideen von jedermann akzeptiert werden müßten. So schien es z.B. manchen Katholiken völlig widersinnig zu sein, den Altar der Gemeinde »zuzuwenden«. ER-bestimmte Kirchenführer jedoch hörten den Vorschlag ruhig an, machten entsprechende Versuche und fanden die neue Praxis sinnvoll.

Wenn jedes Mitglied einer ER-Gemeinde jeweils nur aus seinem ER-Ich heraus handeln würde, dann könnte diese auf den Außenstehenden den Eindruck eines sterilen Computers

Abb. 7 Merkmale zur Feststellung der verschiedenen kirchlichen Gemeinschaften

Gemeinde	Das kirchliche Gebäude	Soziale Aktivität und Gemeinschaftssinn	Pfarrer bzw. Priester und andere kirchliche Mitarbeiter	Bischof oder anderer Kirchenführer
Das strafende übergenaue (nicht-ok-) EL-Ich herrscht vor	Stickige oder süßliche Atmosphäre; überall Schilder »Tu dies«; »Tu jenes nicht«; jeder kennt die Regeln und Strafen; keinerlei Freudigkeit.	Wenige oder gar keine Anzeichen dafür; die Leute wenden sich sozialer Mitarbeit in anderen Gremien zu.	In der Predigt und im persönlichen Umgang strafend, drohend, oder übertrieben fürsorglich; festgelegt auf Vorschriften, Gesetze, Vorurteile; erzeugt in den Leuten Schuld- u. Unwertgefühle.	Hirtenbriefe enthalten Befehle und Ermahnungen, willkürliche Anordnungen. In den Untergebenen werden nicht-ok-Gefühle geweckt.
Das nährende (ok-)EL-Ich herrscht vor	Anheimelnde Atmosphäre; jedermann ist willkommen; gut organisiert; auf die Bedürfnisse der Menschen bedacht.	Bemüht um Wachstum und Entwicklung der Menschen. Kirchl. Aktivitäten zielen auf Befriedigung persönlicher und sozialer Bedürfnisse.	Ermutigend, hilfreich gegen Gemeindeglieder; steht hinter kirchlichen Einrichtungen; errichtet hilfreiche Strukturen.	Wohlmeinender Diktator; beschützt, belehrt, hilft, unterstützt; auf Reifung bedacht; manchmal wie ein Pionier vorangehend.
Das feindselige oder regressive	Emotional hochgeladene Atmosphäre; die Leute füh-	Gezwungen und unfrei, selten entspannt; in Ak-	Setzt seine Ansicht durch; emotional unbere-	Hirtenbriefe emotional und giftig; mißtrauisch, eng-

154

(nicht-ok-) K-Ich herrscht vor	len sich ungemütlich oder haben Angst; Zornausbrüche oder dumpfes Schweigen.	tivitäten der Gemeinde wenig Freudigkeit.	chenbar; fühlt sich bedroht, explodiert oft vor Ärger oder zieht sich tagelang zurück.	stirnig, eifersüchtig; erwartet fortwährendes Hofieren, erkennt es aber niemals an.
Das freie (ok-)K-Ich herrscht vor	Warme und freundliche Atmosphäre; viel Lachen und Begeisterung; anziehend für schöpferische und sensible Menschen.	Beides wird stark betont, besonders Spiel, Spaß, Familienaktivität; Busfahrten, gemeinsame Mahlzeiten usw.	Heiter und freundlich; spontan; der Eingebung folgend; kreativ; kommt zu Versammlungen und ist voller Humor.	Starke persönliche Wärme und Zuwendung; freundlich; vermittelt Gefühl der Gleichwertigkeit; erregbar, begeisterungsfähig.
Das ER-(ok-)Ich herrscht vor	Geist der echten Fragestellung und der Neugier; Ideen werden getestet; ökumenische Gesinnung; gegenseitige Verständigung wird gefördert.	Nachdruck liegt auf intellektueller und persönlicher Entwicklung; Freundschaften basieren auf gemeinsamen Interesse.	Nachdenkender und nachdenklicher Typus; stellt Fragen; läßt sich durch Änderungsvorschläge der Leute nicht schrecken.	Abwägend; bereit zur Integration; möchte neue Ideen und Möglichkeiten testen.

machen, d.h. einer Kirche, die nur vom »Kopf« her lebt. Keine verlockende Situation. Aber eine ER-Gemeinde kann ein gesundes, ausgewogenes Gebilde werden, wenn sie in sich die wertvollen Qualitäten des EL- und des K-Ichs integriert. Im Prozeß der Veränderung, den eine Gemeinde auf dem

Weg von der nicht-ok- zur ok-Position vollzieht, ist die Gegenwart von Pfarrern und Kirchenleitern unerläßlich, die sich vom ER-Ich leiten lassen. Bekehrung, Veränderung, Neugestaltung erfordern Entscheidungen aus dem ER-Ich. Ist solch eine Entscheidung getroffen, so sollten EL-Glaubende dazukommen, um die Planung für den Fortgang auszuarbeiten, und auch K-Glaubende, um die Situation mit warmem Gefühl und Begeisterung zu beleben. Voll »funktionsfähige« Gemeinden ebenso wie lebendige Menschen verbinden alle drei Ichzustände miteinander unter der Führung des ER-Ichs und stehen damit voll im Wirkungsbereich der Inneren Kraft.

In Abb. 7 werden Merkmale von Menschen zusammengefaßt, die den vom EL- oder ER-oder K-Ich gelenkten Gemeinden angehören.

Nehmen Sie sich einige Augenblicke Zeit

Rufen Sie sich drei oder vier Gemeinden ins Gedächtnis, deren Gottesdienst Sie besucht haben. Wie fühlten Sie sich dort? Kam die jeweilige Predigt aus dem EL- oder aus dem ER- oder aus dem K-Ich? Ging vom Gesang eine ok-Botschaft aus? Wie würden Sie diese Gemeinden anhand der TA einordnen?

Ritual und Liturgie

Bestimmte Bereiche des kirchlichen Lebens scheinen in besonderer Weise einer Klärung durch die TA zu bedürfen. Ritual und Liturgie gehören dazu.

In einer strafenden EL-Gemeinde werden Ritual und Liturgie gewohnheitsmäßig, trocken und unbeteiligt erledigt. Die Leute kommen in erster Linie deshalb zum Gottesdienst, weil es ein Gesetz gibt, das den Besuch vorschreibt. »Wir gehen zur Messe, weil die Kirche es uns zur Pflicht macht«. Die

Pfarrer und die Gemeindeglieder begehen das Ritual um des Rituals willen. »So steht es in der Agende, und so wird es gemacht.« Nach den Bedürfnissen der Leute wird kaum gefragt.

Die Gottesdienste in solchen Gemeinden sind von stereotypem Formalismus geprägt. Die Teilnehmer fühlen sich nicht als eine Gemeinschaft, sie sind nicht glücklich, sie schauen oft auf die Uhr und erwarten sehnlich den Schlußchoral. Sie denken nicht so sehr an Gott oder den Glauben, sondern vielmehr an die lustige Sonntagsbeilage der Zeitung, an den Nachmittagsspaziergang, an ein nettes Abendessen, – sie denken an allerlei, nur nicht an das »Nichts«, das ihnen hier in der Kirche geboten wird. Die Predigten sind stereotyp und gefüllt mit eingefahrenen Vorurteilen und Wendungen. Statt im Gottesdienst die Frohbotschaft weiterzugeben – »Gott sagt, du bist ok« –, besteht man in strafenden EL-Gemeinden auf dem nicht-ok-Sein der Anwesenden wie der Abwesenden.

»Wenn Gott uns wirklich lieb hätte«, sagte ein Siebenjähriger nach einem solchen Gottesdienst, »würde er uns nicht hierher kommen lassen«.

In einer *übergenauen* EL-Gemeinde werden Liturgie und Ritual so ausgeführt, daß die Teilnehmer in übermäßiger Abhängigkeit gehalten werden; der Pfarrer gibt Gemeinplätze von sich, damit die Gemeindeglieder passiv, übertrieben optimistisch und gegenüber allem, was außerhalb der Kirchenmauern geschieht, teilnahmslos bleiben. Hier werden die Teilnehmer wie eine Schar hilfloser Kinder behandelt, derem Bedürfnis nach Sicherheit und Schutz entsprochen werden muß.

Dagegen liegt in einer nährenden EL-ok-Gemeinde die Betonung auf den wahren Bedürfnissen der Leute. Ein Pfarrer sagte: »Sie kommen mit vielerlei Belastungen hierher: mit Gesundheitsproblemen, mit Familien- und Scheidungsnöten, mit ihrer Arbeitslosigkeit. Die Aufgabe der Gemeinde ist, den

Menschen einen Weg zu zeigen, wie sie mit ihren Problemen fertig werden können.« Die Predigten sind wachstumsorientiert; es werden Glaubensinhalte erklärt, geistliche Weiterbildung empfohlen, Probleme genannt, die auf Lösung warten. Die Gottesdienste beginnen pünktlich, alles ist gut organisiert, der Chor geschult. Wünsche nach Gottesdiensten zu besonderen Anlässen werden meist erfüllt.

In New York wird am Samstag abend in den Zeitungsdruckereien bis zum frühen Morgen gearbeitet, um die Sonntags-Ausgabe herauszubringen. Eine Franziskanerkirche vom nährenden-EL-Typ, die in der Nähe eines solchen Betriebes liegt, trug dem Rechnung. Der Priester meinte: »Wenn die Drucker am Sonntag morgen um 2 Uhr mit der Arbeit fertig sind, werden die Katholiken unter ihnen zur Messe gehen wollen. Für sie wollen wir um 2.30 Uhr eine Messe lesen.« Und sie führten den Plan aus.

In einer feindseligen *nicht-ok*-Gemeinde werden liturgische Gottesdienste oft als Qual empfunden. Altardienst, Gesang und Lesungen werden verbissen ausgeführt, so etwa, wie ein Trupp aneinander geketteter Gefängnisinsassen Stunden hindurch harte Arbeit verrichtet. Die Geistlichen benutzen die Predigten, um ihrem eigenen Ärger Luft zu machen, persönlich erfahrene Beleidigungen zu beleuchten oder unreflektierte Meinungen über akute Ereignisse zu äußern. Niemand schenkt der Predigt oder dem, was außerdem im Gottesdienst geschieht, besondere Aufmerksamkeit. In dieser Gemeinde bietet sich kaum eine Möglichkeit zu positivem religiösem Erleben; es ist nur von Schuldgefühl, Sünde, Bosheit und von Versuchungen die Rede.

Ok-K-Gemeinden vermitteln in ihren Gottesdiensten warme und beglückende Gefühle: Freude, Dankbarkeit, Zusammengehörigkeit. Die Gemeindeglieder werden zu positivem religiösem Erleben ermutigt und sind dazu auch fähig. Die jungen Leute bringen oft ihre Gitarren mit, singen mit voller

Stimme und werden durch emotional ansprechende, ermutigende Predigten dazu unterstützt. Der liturgische Ablauf ist frei und offen. Wenn im Ritual die Einzelheiten nicht genau stimmen, hält sich niemand daran auf. Das Wichtigste für alle ist, in dieser Zeit miteinander zusammenzusein.

Das Hauptziel für den Gottesdienst einer ER-Gemeinde ist die Glaubenserfahrung oder eine Reflexion über theologische Themen. Rituale und feste Formen stehen erst an zweiter Stelle; rituell korrektes Verhalten ist nur ein Hilfsmittel. Folglich passen sich ER-Gemeinden dem Ritual nur an, um religiöse Erfahrungen wirksam werden zu lassen, denn eben dies sei ihrer Meinung nach das Ziel der Menschen gewesen, die das Ritual festlegten.

Im allgemeinen kann man sagen, daß manche ER-Gemeinden im Gottesdienst einen guten Schuß ok-K-Ich nötig hätten. Wie immer, umfaßt auch hier die volle religiöse Erfahrung das Zusammengehen des ok-EL- mit dem ok-K-Ich, wobei das ER-Ich die Koordination leitet. Negatives religiöses Erleben ergibt sich meist daraus, daß einer der drei Ichzustände vorherrscht und dadurch die Ausdrucksformen der beiden anderen blockiert.

Die Sakramente

In jeder Kirche gehören Sakramente zum Gesamtsystem ihres Glaubens und Lebens. In theologischer Sicht sind sie Zeichen der Gnade oder des göttlichen Segens. Als Erfahrungen stellen sie formalisierte Erlebnisse dar, an denen gewöhnlich eine Gruppe von Menschen beteiligt ist, und sie markieren besondere Momente im religiösen Leben der Einzelnen innerhalb dieser kirchlichen Gemeinschaft. Bestimmte Sakramente – Taufe, Firmung, Trauung, Ordination – werden in der Regel nur einmal im Leben des Einzelnen vollzogen. Andere Sakramente sind wiederholbar, z.B. Beichte oder Abendmahl.

Nicht-ok-EL-Glaubende machen vom Sakrament als von einem *Erfordernis* Gebrauch, als von einem kirchlich verordneten Akt, an dem man nur nach angemessener Vorbereitung teilnehmen darf. Daher werden übergenaue Glaubende vom Typ des strafenden EL-Ichs darauf achten, daß jedes Detail peinlich genau dem Ritual entspricht, und daß auch die allerletzte Vorschrift eingehalten wird. Für sie erhält das Sakrament eine Bedeutung nur durch exakte und vollständige Ausführung des Rituals. »Ich frage nicht danach, was Sie dabei empfinden«, sagte einmal ein EL-Pfarrer zu einem Brautpaar, das ihn um die Trauung bat. »Das Gesetz sagt, wie die Zeremonie zu verlaufen hat, und wenn Sie es anders haben wollen, werden Sie überhaupt nicht getraut.«

Den ok-Glaubenden vom *nährenden EL*-Typ sind die Sakramente ein *Bedürfnis:* »Die Sakramente sind Erlebnisse der Gemeinde, die den Christen helfen, in der Gnade und Liebe Gottes zu wachsen. Wir brauchen die Sakramente, deshalb wurden sie ja eingesetzt. Ohne diese Nahrung würden wir geistlich verhungern.« In den Augen der ok-EL-Glaubenden sind die Sakramente Zeichen von Gottes Liebe, mit der er seine Kinder nährt, beschützt und stärkt.

Der *nicht-ok-K*-Glaubende sieht die Sakramente als *Rituale* an, die *ausgeführt werden müssen.* Er ist deshalb übergenau mit den Bescheinigungen für eine Trauung; der Unterricht zur Vorbereitung auf die Konfirmation muß sehr ausgedehnt sein, und vielfältige alte Segensformeln müssen im Taufritual erscheinen. Viele junge Menschen fühlen sich in dieser nicht-ok-K-Position wie in einem Gefängnis, besonders da die Forderungen, den Kindergottesdienst zu besuchen oder die Bibel zu lesen, in ihnen nicht-ok-Gefühle hervorrufen.

Der *ok-K*-Glaubende empfindet die Sakramente als *Erlebnisse der Hingabe,* die das Gefühl vermitteln, von Gott angenommen zu sein. Taufe, Erstkommunion, Firmung, Ordination, Trauung – diese Ereignisse erwecken ein Hochgefühl und sind meist von erregenden Vorbereitungen umgeben: es werden neue Kleider gekauft, Verwandte eingeladen, man fotografiert, es gibt ein Festessen – all das intensiviert die positiven Gefühle. Manchmal nehmen diese Begleiterscheinungen einen so wichtigen Platz ein und sind so aufregend, daß das Sakrament selbst in all dem Betrieb fast in den Hintergrund gerät. In solchen Fällen kann der vom ok-K-Ich gelenkte Mensch erst später das festliche Ereignis auskosten und sich – zurückträumend – an den Bildern und Filmen erfreuen, die damals vom sakramentalen Geschehen gemacht wurden.

Für Glaubende, die vom *ER-Ich* her leben, sind die Sakramente *besondere Erfahrungen,* die den Christen neue Wege für geistliches Wachstum zeigen. Der ER-Glaubende kann daher die Erfahrungen des ok-EL-Ichs und die Erlebnisse des ok-K-Ichs um die tiefere Bedeutung des Sakraments bereichern. So wird z.B. das EL-Ich besonders auf den traditionellen Gehalt der Trauungszeremonie achten, das K-Ich wird das Hochgefühl dieses Augenblicks genießen, und das ER-Ich nimmt die Innere Kraft wahr, die in dieser besonderen Stunde zum Ausdruck kommt. Im allgemeinen lernen ER-Glaubende, alle drei Ichzustände zu gebrauchen, so daß das Erleben der Sakramente den ganzen Menschen in Anspruch nimmt.

Kirchliche Ordnungen und Vorschriften

Diese Ordnungen und Vorschriften werden von Glaubenden des *strafenden und des übergenauen EL-Typs* sehr oft erwähnt. Sie gelten ihnen in erster Linie als Pflichten, die bei Strafandrohung erfüllt werden müssen, da sie »der einzige Weg zur Erlösung« sind. Diejenigen, die den Buchstaben des Gesetzes nicht erfüllen, werden zu Sündern gestempelt und ihnen wird Exkommunikation, Verdammung und höllisches Feuer angedroht. Schwere Lasten von Schuld werden den

Sündern aufgebürdet, die manchen Menschen nie mehr völlig abgenommen werden können. »Einst war deine Seele weiß, aber jetzt, wo du gesündigt hast, wird sie nie mehr ganz weiß werden, auch wenn du ein Leben lang bereust.«

Für solche Leute sind Gesetz und Ritual das Zentrum des kirchlichen Lebens. Die Kirche ist der Herrscher, der Gesetzgeber, der Richter. »Wir haben nur zu gehorchen«. »So ist eben das Gesetz«. Von der Kanzel hört man die bohrende Wiederholung: »Du must dies tun.« »Du kannst dich dieser Verpflichtung niemals entziehen.« Vom strafenden EL-Ich geprägte Leute fühlen sich nicht nur dafür verantwortlich, daß jeder das Gesetz erfüllt, sondern sie wollen auch Strafen verhängen, wenn andere sich einer kirchlichen Ordnung nicht fügen. In diesem Zusammenhang kann z.B. ein Übereifriger sagen: »Wenn du den Zehnten gibst, wirst du dich glücklich fühlen, und Gott wird dich mehr lieben.« Für Menschen, die vom strafenden und übergenauen EL-Ich bestimmt sind, ist die Bibel ein Buch, das moralische Antworten auf alle Lebensfragen bereit hält: »Die Evangelien sagen dir, wie du dich zu verhalten hast.« Für jede Gelegenheit finden sie einen passenden Befehl oder ein Trostwort Jesu. Zudem sehen sie meist nur *einen* richtigen Weg, wie in der gegebenen Situation zu handeln sei. »So und nicht anders macht man es bei uns; es ist am besten für dich, wenn du es auch so machst.«

Dem Glaubenden, der vom *nährenden-EL-Ich* her lebt, ist die religiöse Sicherheit ebenfalls wichtig, aber er meint, sie schon zu besitzen. »Bete jeden Tag, dann wirst du merken, wie sehr Gott dich liebt.« »Zur Heilung führt nur der Weg des Gehorsams.« »Diese Gesetze sind ein sehr wichtiges Stück unserer religiösen Tradition.« Ok-EL-Glaubende betrachten die kirchlichen Ordnungen und Gebote als notwendige Hilfe für geistliches Leben und Wachsen.

Während die Glaubenden vom strafenden EL-Typ die Gesetze und Verordnungen als Mittel ansehen, durch das sie von

162

der Kirche beherrscht werden, fassen die vom nährenden EL-Typ die Gesetze als Teil eines Lernprozesses auf.

Übergenaue EL-Glaubende halten hartnäckig an Gesetzen und Traditionen fest und fürchten jede Veränderung. Ok-EL-Glaubende dagegen betrachten Gesetze und Traditionen als Fundament des kirchlichen Lebens und der kirchlichen Stärke.

Manche ok-EL-Glaubende lassen sich von Änderungen nicht schrecken, andere aber finden es schwierig, sich den Neuerungen anzupassen, weil sie es als ihre vornehmste Pflicht ansehen, mit der Vergangenheit in Verbindung zu bleiben. »Wir bleiben bei den wertvollen und wichtigen Traditionen«, sagen sie zu sich selbst und zu ihren Kindern.

Nicht-ok-K-Glaubende reagieren auf die kirchlichen Gesetze in ihrer üblichen, unkontrollierten negativ- emotionalen Art. Sie sehen jedes Gesetz als »Pfahl im Fleisch«, der ihnen den letzten Rest von Freiheit nimmt, das bißchen Freude vergällt und ihr zerbrechliches Glücksgefühl zunichte macht. »Kirchliche Vorschriften sind eine hassenswerte Last für jedermann«, sagen sie, »ein unvermeidbares Kreuz, das wir bis zum Tod mitschleppen müssen.«

Wenn irgendeine Änderung auch nur erwähnt wird, reagieren diese Menschen mit giftiger Abwehr. Als in den letzten Jahren römisch-katholische Ordensschwestern daran gingen, ihre Tracht ein wenig zu modernisieren, fühlten sich manche Leute von dieser Entwicklung bedroht und traten – oft aus Furcht – für Beibehaltung der traditionellen Ordenskleidung ein. Einige dieser Leute, die so reagierten, mögen Glaubende vom nicht-ok-K-Typ gewesen sein.

Dagegen fragen Menschen, die vom *ok-K-Ich* her leben, nicht so viel nach Gesetzen. Sie lassen sich vom Gesetz weder (wie die EL-Leute) festlegen, noch bedrohen (wie die nicht-ok-K-Leute). Nach Möglichkeit vermeiden sie eine Begegnung mit Gesetz und Vorschrift, sie gehen ihnen aus dem Wege, sie vergessen sie. Möglicherweise warten sie auf jemanden, der sie auf bestimmte Verpflichtungen aufmerksam macht. »Ich wußte nicht, daß ich dafür verantwortlich bin – gut, daß du es mir gesagt hast.« Kommt aber ein solcher Mensch in direkten Kontakt und offenen Konflikt mit einem kirchlichen Gesetz, so sagt er: »Gott liebt mich trotzdem« oder »Solange ich gut und liebevoll bin, ist das Gesetz ganz nebensächlich«, oder »Ich glaube nicht an Gesetze, ich glaube an die Liebe«. EL-Menschen sind oft verblüfft von den Antworten aus dem K-Ich und können nicht begreifen, daß man sich gegenüber einem Gesetz so sorglos verhalten kann.

Der ER-Glaubende ist Gesetzen und Vorschriften gegenüber insofern positiv eingestellt, als sie sich für die religiöse Erfahrung und das persönliche Wachstum als hilfreich erweisen. Er drückt das etwa so aus: »Wo zwei oder drei in Gottes Namen versammelt sind, entsteht ein kirchliches Gesetz.« Der ER-

Abb. 8   Die Einstellung der Glaubenden zu Liturgie, Sakramenten und kirchlichen Gesetzen

Gemeinde	Ritual und Liturgie	Sakramente	Kirchliche Gesetze
Das strafende oder übergenaue (nicht-ok-) EL-Ich herrscht vor	*Stereotyper* Ablauf, formalistisch, geschieht nur aus Pflicht, gewohnheitsmäßig, ohne Wärme, übergenau.	werden als *verpflichtend* angesehen; Christen dürfen nur nach sorgfältiger Vorbereitung daran teilnehmen.	Pflichten und Gesetze bilden das *Zentrum des kirchlichen Lebens*; es gibt nur einen einzigen richtigen Weg.
Das nährende (ok-) EL-Ich herrscht vor	Wohl-strukturiert, auf *Wachstum* und *Belehrung ausgerichtet*; gut organisiert, bedeutungsvoll.	antworten auf *Bedürfnisse des Menschen*; es sind Erlebnisse, die den Christen helfen, in der Gnade und Liebe Gottes zu wachsen.	Das Gesetz *hilft zum Leben* und Wachsen; die Kirche weiß aus Erfahrung, was das Beste ist; Erhaltung der Tradition ist Aufgabe der Kirche.

164

Das feindselige oder regressive (nicht-ok-)K-Ich herrscht vor	Verbissene Ausführung des Rituals, als wäre es eine Strafe; resistent und unwillig gegenüber der Liturgie.	werden als *Rituale* angesehen, die *auszuführen* sind; unerfreuliche Erlebnisse, manchmal ängstlich, manchmal heuchlerisch empfangen.	Sie sind eine *hassenswerte Last*, jedem auferlegt, unausweichlich bis zum Tod; machen durch Furcht die Leute unbeweglich; niemand ist ok.
Das freie (ok-) K-Ich herrscht vor	Erfüllt von *Freude* u. a. *Gefühlen*; werden als Hilfe zum Erleben positiver religiöser Gefühle und der Gemeinschaft empfunden.	sind *Erlebnisse der Hingabe*, die den Christen das Gefühl vermitteln, vor Gott ok zu sein.	Man kümmert sich nicht viel um Gesetze, versucht, ihnen aus dem Wege zu gehen; nimmt sie nur im Falle eines offenen Konflikts wahr, sie sind *notwendiges Übel*.
Das ER-(ok-) Ich herrscht vor	Ein Gegenstand des *Denkens* und der *Reflexion* wert. Dimensionen des ok-K-Ichs und des ok-EL-Ichs werden mit einbezogen.	werden als *Gemeinschaftserlebnis* gesehen, das die Christen gebrauchen, um ihre eigene religiöse Entwicklung zu fördern.	Sie sind *ein wichtiges Element der religiösen Existenz*, entwicklungsfähig, neuen Auslegungen und Formulierungen zugänglich.

Glaubende ist überzeugt, daß Gott den Menschen die Wirklichkeit ihres ok-Seins nahezubringen versucht; und um diesen ok-Zustand allen zu vermitteln, werden Gesetze und Vorschriften wahrscheinlich bis zum Ende der Zeiten ein Teil des Lebens bleiben.

ER-Glaubende wissen aber auch, daß sich Gesetze seit Beginn der Geschichte des Glaubens verändern und entwickeln, indem sie oft neu ausgelegt und umformuliert werden. Daher sind ER-Leute nicht überrascht, von Änderungen mancher

Kirchenordnungen zu hören. Sie sind der Meinung, man sollte diese Dinge im Lichte des Glaubens und seines geschichtlichen Wandels betrachten.

Man kann jede Erneuerung der Kirche als Ausdruck einer neuen Wahrnehmung der Inneren Kraft ansehen. Viele ok-Glaubende hören solche Erneuerung als den Ruf Gottes, mit der er sein Volk zu neuem Auszug und zum Fortschreiten auf dem Weg des Wachstums auffordert.

Abb. 8 gibt eine Zusammenfassung der Verhaltensweisen von EL-, ER- und K-bestimmten Menschen im Blick auf Liturgie, Sakramente und kirchliche Gesetze.

Nehmen Sie sich einige Augenblicke Zeit

Stellen Sie sich vor, Sie sähen sich selbst auf dem Fernsehschirm, wie Sie zum Gottesdienst gehen. Nun sitzen Sie in der Kirchenbank, dann gehen Sie nach vorn zum Altar. Was für Reaktionen werden von Ihnen erwartet? Haben Sie das Gefühl, Sie sollten sich hier vom angepaßten oder vom freien Kindheits-Ich leiten lassen, oder vom Erwachsenen-Ich, dessen Meinungen und Reaktionen ebenso gewichtig sind wie die des Pfarrers?

Haben Sie das Gefühl, hier in der Kirche zum Wachstum eingeladen zu werden, oder wurde etwas gesagt oder getan, das Ihnen ein Gefühl der Feindseligkeit und des Ausgeschlossenseins gibt? Empfinden Sie Freude und sind Sie in Kontakt mit der Inneren Kraft?

Nun sehen Sie, wie Sie die Kirche verlassen. Welche Wirkung haben die dort erlebten Gefühle auf Ihr weiteres alltägliches Dasein? Können Sie das dort Erfahrene hier einbringen, oder lehnen Sie dies ab? Haben Sie das Gefühl, bedrückt zu sein, oder sind Sie frei?

8 HABT IHR NICHT DEN GESEHEN, DEN MEINE SEELE LIEBT?

Hohes Lied 3,3

Das Gebet und die Gotteserfahrung

Die Kraft der Liebe

Kennen Sie jemanden, der im tiefsten Grunde nicht lieben oder von einem anderen Menschen nicht geliebt sein will? Kennen Sie einen Glaubenden, der Gott nicht liebt und von Gott nicht geliebt sein möchte?

Wir glauben, daß die Liebe eine Kraft ist, deren Quelle noch tiefer liegt als EL-, ER- und K-Ich. Wir glauben, daß die Liebe eine Erfahrung der Inneren Kraft ist, die die Menschen aufruft, aus ihrem Inneren Kern in Gemeinschaft zu antworten. Viele Einzelne, Familien und Gemeinden möchten gern mit der Liebeskraft Gottes in Kontakt kommen. Aber manchen scheint dies nicht zu gelingen.

Dieser Mangel an Erfolg hat zum Teil psychische Ursachen. Oft beginnt das Problem mit den Vorstellungen, die die Menschen von Gott haben.

»Sie brauchen nicht in einen Buddha-Tempel zu gehen, um Menschen zu finden, die eine andere Anschauung von Gott haben. Sprechen Sie nur einmal mit den Leuten, die neben Ihnen in der Kirchenbank sitzen«, so bekam es ein Psychologe zu hören, und dieser Satz erwies sich als zutreffend: am nächsten Sonntag fragte er einige Gottesdienstbesucher, wie sie sich Gott vorstellten. Manche sagten, er sei ein Vater, andere meinten, er sei ein Richter, wieder andere hielten ihn für den Partner der Menschen. Für manche war Gott eine Person, mit der sie in Beziehung treten können, anderen war er eine innere Kraft, an die sie sich halten können, wieder andere meinten, Gott sei ein alles durchdringender Geist, der für das, was auf Erden geschieht, die Verantwortung trägt. Der Psychologe sah, daß die Leute viele, ja sogar einander widersprechende Vorstellungen von Gott haben.

Dieses Ergebnis war sehr aufschlußreich. Als Psychologe wußte er, daß Menschen im allgemeinen sich an andere wenden, um ihre verschiedenen Bedürfnisse befriedigt zu bekommen. Z.B. erwartet jedermann, daß seine Freunde bald lustige Gesellschafter, dann wieder wohlmeinende Zuhörer, Ratgeber, sportliche Wettkämpfer, Mitarbeiter, Denker oder mitschwingende Resonanzböden für neue Ideen sind. So also, wie die Menschen ihren Freunden verschiedene Rollen zuweisen, ihnen verschiedene Gesichter aufsetzen und von ihnen unterschiedliche Reaktionen erwarten – dachte der Psychologe –, so wird Gott für die Glaubenden, psychologisch gesehen, wahrscheinlich zu verschiedenen Zeiten auch verschiedene Rollen übernehmen. In bestimmten Situationen brauchen sie den verzeihenden Gott, dann wieder den strafenden, dann den Gott, der liebt und barmherzig ist usw.

TA fragt nicht danach, ob Gott all diese Rollen für die Menschen übernimmt oder nicht. Ohne den Bereich der

Philosophie oder der Theologie zu betreten, ist sie nur an dem Versuch interessiert, zu erklären, warum die Glaubenden so verschieden über Gott denken, und wie ihre Gottesvorstellungen das Strömen der Inneren Kraft ermöglichen oder hemmen.

Auf den folgenden Seiten soll erklärt werden, wie die drei Ichzustände die Vorstellungen der Glaubenden beeinflussen können: was sie über Gott denken, wie sie persönlich zu ihm beten, wie sie sich im sonntäglichen Gottesdienst zu ihm verhalten und welche Formen intensiver Glaubenserfahrung ihnen dadurch zugänglich sind.

Der vom strafenden Eltern-Ich bestimmte Glaubende und seine Gotteserfahrung

Gottesvorstellung: Dieser Menschentypus sieht Gott als den an, der den Himmel als Ort der Belohnung und die Hölle als den Ort der Bestrafung geschaffen hat. Er betrachtet Gottes Weisungen und Gebote nicht als Lebenshilfe (wie der Glaubende vom Typ des nährenden EL-Ichs es täte), sondern als Mittel, die Menschen auf die Probe zu stellen.

Gott ist die Autorität, die das Gerichtsverfahren geschaffen hat und jeden anhand des Beweismaterials in bezug auf seine Gedanken, Worte und Werke richten wird.

Diese vorgefaßte Meinung über Strafe, göttliche Vergeltung und Gerechtigkeit führt dazu, daß die Glaubenden mit einem vorherrschenden strafenden EL-Ich meinen, Gott halte dauernd nach Anlässen Ausschau, die Menschen zu strafen; Gottes Auge sehe jede einzelne Tat, sein Ohr höre jeden Flüsterton, sein allgegenwärtiger Geist richte jeden Gedanken.

Viele Menschen dieser Sinnesart sind überzeugt, Gott sei ein mißtrauischer, geheimer Spion, der genau und wachsam in

jedem verborgenen Winkel des Menschenlebens herum-
schnüffelt.

Wenn diese Menschen beten, empfinden sie paradoxerweise
Gott als fern, unerreichbar, »transzendent«. Sie erleben Gott
nicht als die Innere Kraft, sondern als hoch über ihnen ste-
henden Richter, der in der einen Hand den Donnerkeil und in
der anderen die Waage der Gerechtigkeit hält. Gottes Ange-
sicht ist für sie kalt und streng – spontan würden sie es sogar
als grausam bezeichnen. Aber schon allein ein solcher Gedanke
wäre eine Sünde, die das höllische Feuer verdient. Sie können
ihn deshalb weder sich selbst noch anderen zugestehen.

Theologie: Für Glaubende mit vorherrschendem strafenden
EL-Ich sind theologische Dogmen ein weiteres Mittel, den
Menschen Irrtum, Bosheit und Sünden nachzuweisen. Kirchliche Gesetze schaffen immer mehr Pflichten, denen man
nachzukommen hat. Die Unfähigkeit der Menschen, diese
Befehle perfekt auszuführen, erzeugt genügend Anlässe, Gottes Mißfallen zu erregen. Im Licht der so verstandenen Lehren und Gesetze muß jede menschliche Reaktion unter die
Kategorie »gut oder böse« fallen und wird dementsprechend
von Gott belohnt oder bestraft.

Psychologisch gesehen ist für manche Glaubende dieses Typus die Hölle das wichtigste Element ihres theologischen
Konzepts. Für die ganze Menschheit neigt sich – nach ihrer
Ansicht – die Waage auf die Seite von Wertlosigkeit und
Bosheit. Ihre Theologie braucht die Hölle, weil hier die
einzige, dauernd wirksame und den Sünden adäquate Bestrafung gewährleistet ist. Die Hölle wird überfüllt sein, denn die
meisten Menschen verdienen es, »für alle Ewigkeit« dorthin
verdammt zu werden.

Gebet: Die Gebetserfahrung aus der nicht-ok-EL-Position ist
bestimmt von der Wertlosigkeit der Menschen und von ihren
bösen Neigungen. Wiederkehrende Themen solcher Gebete

170

sind Sünde, Bosheit, Strafe, Tod, Hölle, Angst, Gerechtigkeit, Gehorsam usw. Oft werden im Gebet andere Menschen angeklagt, und von Gott wird verlangt, er möge sie entsprechend bestrafen. Diese Leute beten *gegen* ihre Mitmenschen, nicht für sie. Manche bezeichnen sogar bestimmte Orte in der Hölle, wo diese Gruppen von Sündern unterzubringen wären. »Der Tod übereile sie, daß sie lebendig in die Hölle fahren, denn es ist eitel Bosheit unter ihrem Haufen«, sagt der Psalmist und bittet Gott, seine Feinde zu strafen (Ps 55,16).

Gemeinsamer Gottesdienst: Im allgemeinen bewegt sich das Gebet der nicht-ok-EL-Glaubenden in gewohnheitsmäßigen Formeln. Die Gebete halten sich, ohne um ein Jota abzuweichen, an den vorgeschriebenen Text, und auch anderen Menschen wird nicht gestattet, diesen irgendwie zu verändern. Gewöhnlich halten sich diese Glaubenden haargenau an das kirchliche Ritual und verlangen von anderen das gleiche. Die Gestaltung des Gottesdienstes und der Gebete wird streng überwacht, eine unkorrekte Ausführung geahndet. Noch vor wenigen Jahrzehnten konnte sich z.B. folgendes ereignen: ein katholischer Priester, der sich die Mühe machte, die kleingedruckte Einführung des alten lateinischen Meßbuches zu studieren, fand dort mehr als fünfzig Möglichkeiten, wie er gegen die einzig richtige Form des Messe-Lesens verstoßen könnte; mit nur *einem* solchen Verstoß hätte er als Priester beim Feiern der Messe schon eine Todsünde begangen. Diese besondere Art, gegen Gott zu sündigen, während man ihn anbetet, war höchstwahrscheinlich die geniale Erfindung einer Theologengeneration, die vom strafenden EL-Ich beherrscht wurde.
Glaubende dieser Einstellung sind offenbar der Meinung, die Menschen seien im Grunde böse – d.h. nicht ok –, und sie sollten dauernd daran erinnert werden. Ihr Verhalten anderen gegenüber ist deshalb ganz folgerichtig.

Ok- oder nicht-ok-Sein bei Glaubenden
mit einem strafenden Eltern-Ich

Das Selbstverständnis eines Menschen, der diese Einstellung hat, kann zwei Formen haben: entweder er hält sich selbst und die ganze Menschheit für bis auf den Grund verdorben – *alle sind nicht ok* –, oder er nimmt sich selbst von der allgemeinen Verdammnis aus – *ich bin ok, aber außer mir niemand,* oder: *ich und Leute wie ich sind ok*, aber sonst niemand.

Leute, die sich selbst als grundverdorben ansehen, müssen mit Furcht und Zittern für ihre Erlösung am Werk sein, wie der ganze Rest der Menschheit. Im Gebet müssen sie vor Gottes Richterstuhl stehen: schändlicher Gedanken und Taten schuldig und daher strafwürdig. Dieses Selbstverständnis zwingt sie, sich an einen Gott zu wenden, der im einen Moment ein kalter, strenger Richter ist und im nächsten ein liebender und vergebender Erlöser.

EL-Glaubende von der zweiten Art, die sagen »Ich bin ok und außer mir niemand«, nehmen sich selbst von der allgemeinen Verdammnis aus. Sie beziehen den Standpunkt des Pharisäers. Auch für sie bleibt Gott immer ein strafender/belohnender Gott, aber sie verbünden sich wie die Pharisäer mit ihm und werden selber zu Bestrafern und Belohnern. Sie sind Gesetzgeber und Richter zugleich, wie Gott, und stehen damit außerhalb des Gesetzes. In ihren Gebeten danken diese »im Ausnahmezustand« befindlichen Glaubenden ihrem Gott, daß sie nicht solche Sünder sind wie die übrigen Menschen.

Der vom nährenden Eltern-Ich bestimmte Glaubende
und seine Gotteserfahrung

Im Gegensatz zu den vom strafenden EL-Ich Beherrschten, die meinen, Gott sehe und strafe die menschliche Schlechtigkeit, sind die, in denen das nährende EL-Ich maßgebend ist, überzeugt, daß Gott die Anliegen der Menschen sieht und versucht, sie mit Gnade und Kraft zu erfüllen. Sie erwarten von Gott Fürsorge und Ermutigung. Sie stellen sich Gott als liebenden Vater vor, der sich um sein Volk kümmert. »Gott hätte lieber, daß jeder von uns mit ihm im Himmel glücklich wäre, als daß er irgend jemanden in die Hölle verdammen wollte«, sagt ein solcher Mensch. Diese Leute beten zu Gott als zu einer Autoritätsfigur, die aber wie ein Vater sorgt und will, daß sein Volk in Liebe und Heiligkeit zur Reife kommt. Glaubende dieser Art können lernen, mit der Inneren Kraft in Kontakt zu kommen.

Sowohl die Menschen vom strafenden als auch die vom nährenden EL-Typ sehen Gott im Zusammenhang mit den Lehren und Vorschriften der Kirche. Aber es besteht ein wichtiger Unterschied zwischen ihnen. Während die Leute vom strafenden EL-Ich die Strafe betonen, unterstreichen die vom nährenden EL-Ich die Belohnung. Erstere sehen die Menschen als grundlegend schlecht und wertlos an und wären sie gerne los; letztere halten die Menschen für im Grunde gut, aber für schwach und hilflos und wollen sich ihrer Not annehmen. Die einen fordern etwa: »Steckt die Leute ins Gefängnis und laßt sie dort zugrunde gehen, sonst werden wir Guten noch angesteckt«, während die anderen wahrscheinlich sagen würden: »Gönnt doch den armen Sündern ein bißchen Liebe und Verstehen und etwas Disziplin; wenn ein wenig hilfreiche Autorität in ihr Leben käme, würden sie sich bessern.«

Theologie: Die Theologie der Leute vom nährenden EL-Ich hat die Tendenz, konservativ und einfach zu bleiben. Das Verhalten der Menschen wird klar bezeichnet: es ist moralisch entweder »gut« oder »böse«; von der Kirche gelehrte Dogmen sind fraglos zu glauben; Gehorsam ist die allerwichtigste Tugend – sogar die Liebe wird als zu befolgendes Gebot formuliert. »Ein neues Gebot gebe ich euch, daß ihr euch untereinander liebt«, sagt Jesus, der hier aus dem nährenden

EL-Ich spricht (Joh 13,34). Diese Leute glauben, daß das Leben ohne strenge Autorität und klare Vorschriften ein Chaos wäre, aber mit Autorität und Gesetz hat es Ordnung und Sinn, und ein Fortschreiten in der Heiligung wird möglich. »Dabei wird jedermann erkennen, daß ihr meine Jünger seid, wenn ihr Liebe untereinander habt« (Joh 13,35). Leute vom nährenden EL-Ich würden es wahrscheinlich schwierig finden, das kirchliche Leben ohne Gesetz aufrecht zu erhalten und ohne eine Autorität, die die Vorschriften durchsetzt.

Gebet: Die Gebete der vom nährenden EL-Ich Bestimmten betreffen eigene Bedürfnisse und die ihrer Mitmenschen. Sie sehen die Welt in »gut« und »böse« aufgeteilt, verlassen sich aber auf Gottes bedingungslose Vergebung und seine unendliche Liebe, die die Waage der Gerechtigkeit sich zugunsten des Gutseins neigen läßt. In ihren Gebeten betonen sie Vergebung, Buße, Reue, Gnade, Dankbarkeit, Hoffnung, Vertrauen und dergleichen mehr. Sie beten im Glauben und halten sich dabei meist an formulierte Gebete; in Gebetbüchern wählen sie das aus, was ihren eigenen Belangen entspricht: Gebete, die um Hilfe, Treue, Ausharrungsvermögen bitten; Gebete, die die menschlichen Bedürfnisse betreffen; solche, die sie zu »besonderen Vorsätzen« und »guten Werken«, zu Bekehrung und Erneuerung ermutigen.
Als Beispiel sei hier das Gebet eines Studenten genannt: »Herr, hilf mir, mich selbst zu finden und anzunehmen – meine eigenen Probleme und die anderer Menschen zu lösen. Hilf mir, die anderen zu respektieren und zu lieben; zu erkennen, daß sie wertvoller sind, als ich meine.«

Gottesdienst: Meist schließen sich Leute dieser Art gern zu gut strukturierten Andachtsgruppen zusammen. Oft sieht man sie bei besonderen Gottesdiensten in der Kirche, bei Andachten, Retraiten, Gebetsgemeinschaften und ähnlichen Veranstaltungen. Im gemeinsamen Gebet finden sie die gegenseitige

Stärkung, gut zu sein und recht zu handeln. »Die Menschen brauchen einen Beistand, und den sollten sie in der Gemeinde finden.«

Der vom Eltern-Ich bestimmte Glaubende
und entwickeltere Formen des Gebets

Sowohl die ok-, als auch die nicht-ok-EL-Glaubenden sind außerordentlichen Gebetserfahrungen zugänglich, beide Gruppen unterscheiden sich dabei jedoch in Ton und Qualität. Entsprechend der meist negativen und autoritären Mentalität der nicht-ok-Glaubenden enthalten deren Gebete und innere Visionen oft Vorgänge drohender Menschheitsvernichtung; ihre transzendenten Erfahrungen betonen das Böse in den Menschen: es gibt für sie so gut wie keine Möglichkeit der Rettung. In der Bibel gibt es viele Beispiele für solche Gebete, die es mit dem Jüngsten Gericht zu tun haben. So sieht der Prophet Jeremia in einer Vision, wie Gott die Feinde Israels straft, und er hört, wie Gott der Stadt Babylon Vergeltung androht: »Siehe, du Stolzer, ich will an dich, spricht der Herr, denn dein Tag ist gekommen, die Zeit deiner Heimsuchung« (Jer 50, 31). Auch die apokalyptische Vision des Johannes im Buch der Offenbarung scheint teilweise aus der Position des strafenden EL-Ichs gekommen zu sein. »Und ein starker Engel hob einen großen Stein auf, wie einen Mühlstein, warf ihn ins Meer und sprach: ›also wird mit einem Sturm verworfen die große Stadt Babylon und nicht mehr gefunden werden‹« (Offb 18, 21).
Im Gegensatz dazu wird in den Gebetsvorstellungen der Glaubenden vom nährenden EL-Typ vor allem das Suchen der Menschen nach Gott gesehen und Gottes tröstlicher Beistand und seine Einladung zum Leben. Die im Gebet gewonnenen Einsichten des nährenden El-Ichs werden die Vernünftigkeit von Autorität, Disziplin und Vorschriften bestätigen,

die Wichtigkeit des Gehorsams, die Bedeutung von Strukturen, die Notwendigkeit von Verantwortung und aktiver Berücksichtigung der Bedürfnisse anderer Menschen. Jesus, zum Beispiel, beruft sich im Hohepriesterlichen Gebet – während des letzten Mahles – auf seine im EL-Ich gründende Verantwortung für seine Jünger: »Ich habe deinen Namen offenbart den Menschen, die du mir von der Welt gegeben hast. Sie waren dein, und du hast sie mir gegeben, und sie haben dein Wort behalten« (Joh 17,6).

Das Vaterunser ist ein Gebet, das starke Elemente des nährenden EL-Ichs erkennen läßt. Es richtet sich an die väterliche Autorität Gottes (»Unser Vater«), betont die Ehrfurcht vor ihm (»Geheiligt werde dein Name«), den Gehorsam (»Dein Wille geschehe«) und bittet um das Notwendige (»Gib uns heute ...«), um Vergebung (»Vergib uns unsere Schuld«), um Kraft in Zeiten der Versuchung (»Führe uns nicht in Versuchung«) und um Schutz gegen den Feind (»Erlöse uns von dem Bösen«).

Der vom nicht-ok-Kindheits-Ich bestimmte Glaubende und seine Gotteserfahrung

Gottesvorstellung: Die Gotteserfahrung des K-Ichs bildet sich, wie die allgemeine Lebenseinstellung, aus den inneren Reaktionen dieser Gruppe. Man kann diese Menschen an der Art erkennen, wie sie ihre Gefühle betonen. Das ok-K-Ich wird gute, beglückende, hoffnungsvolle, erfreuliche und befriedigende Emotionen vorziehen, das nicht-ok-K-Ich dagegen richtet den Blick auf negative, depressive, aggressive, unerfreuliche und unbefriedigende Gefühle.

Nicht ok-Leute haben oft gereizte Gefühle Gott gegenüber, die in ihren Gebeten zum Ausdruck kommen. In extremen Situationen flammt ihr Ressentiment gegen Gott auf in Ärger, Bitterkeit und Groll. Sie meinen, Gott versuche stets, ihnen nicht-ok-Gefühle beizubringen: ihr Gewissen zu beunruhigen, Schuld- und Schamgefühle, Angst und Ablehnung zu wecken.

Während die Leute vom Typ des strafenden EL-Ich ihre Mitmenschen in die Hölle wünschen, verbringen die nicht-ok-K-Menschen ihr Leben wahrscheinlich schon in der Hölle. Wenn es überhaupt Menschen gibt, die wissen, wie es ist, dort zu sein, sind es Angehörige dieses Typs. Psychologisch gesehen hat ein strafender EL-Gott sie schon vielmals dorthin versetzt.

Theologie: Die Glaubenden vom Typus der rebellischen wie auch des abhängigen K-Ichs hoffen verzweifelt auf Erlösung (für sie ist Erlösung identisch mit »sich dauernd ok fühlen«). Gleichzeitig aber sind sie überzeugt, nicht ok zu sein und glauben, Gott werde sie niemals annehmen. Da sie darauf fixiert sind, nur ihre Unangemessenheit und Schuld zu sehen und sich ihres Tuns zu schämen, brauchen sie – in der Sprache der TA – eine Bekehrung zum ok-Sein, bevor sie überhaupt lernen können, Gottes Freundschaft und Liebe zu akzeptieren. Gott sagt zwar zu diesen Menschen »du bist ok«, aber sie können nicht glauben, was er sagt, oder sie weigern sich, es zu hören. Diese Menschen nehmen Gottes ungeheure Größe wahr, und seine Macht berührt ihr Gefühl. In ihrem nicht-ok-Sein empfinden sie, wie nötig sie die Erlösung brauchen, aber der strafende EL-Gott erscheint ihnen viel stärker als der Retter.

Das Gebet der Glaubenden aus dem rebellischen K-Ich ist oft gereizt und fordernd, sie schmollen, schreien, klagen und tadeln, alles in einer emotional geladenen Atmosphäre. Die Gebete aus dem abhängigen K-Ich haben denselben Tenor, nur werden die Emotionen weniger deutlich ausgedrückt. Diese Gruppe betont in unterwürfiger Haltung ihre Hilflosigkeit, Armut und Verlassenheit, ihre Angst, Unzulänglichkeit und Ablehnung.

Ein Rebellischer betet etwa so: »Du da, großer Mann, hier auf Erden ist alles total verfahren. Wann wirst du dich endlich herbeilassen, etwas zu tun, z.B. die Störenfriede auszurotten?« Im Gegensatz dazu betet ein Abhängiger vielleicht: »Gott, wenn ich zu dir spreche, antwortest du nie, und ich habe den Verdacht, daß du dort draußen gar nicht zu finden bist, und vielleicht bist du überhaupt nirgendwo, oder vielleicht willst du mich einfach vergessen.«

Die Rebellischen geben sich selbstbewußt und explodieren im Zorn, die Abhängigen sitzen einfältig lächelnd in einem verlassenen Winkel. Der Rebellische wütet gegen Gott, von dem er meint, er wolle ihn dem höllischen Feuer überlassen, der Abhängige schwelgt in Selbstmitleid, fühlt sich von Gott völlig vergessen und in eine kalte Hölle der Einsamkeit versetzt.

Gemeinsamer Gottesdienst: Gemeinsame Gottesdienste werden von nicht-ok-Glaubenden nicht geschätzt. Die Rebellischen suchen die Gottesdienste zu meiden, oder aber sie nehmen ostentativ daran teil. Manche singen mit geschwellter Brust besonders laut mit, vielleicht in der Hoffnung, dadurch in sich ok-Gefühle erzeugen zu können. Die Abhängigen gehen zur Kirche, weil sie hoffen, sich dort wohlzufühlen; aber es ist unvermeidlich: irgend etwas – ein Satz im Gebet, eine Bemerkung in der Predigt, schon allein die Umgebung in der Kirche – erzeugt Gefühle von Angst und Schuld und anderen Arten des nicht-ok-Seins.

Solche nicht-ok-Gefühle sind auch bei Pfarrern vorhanden. Priester und Pfarrer vom Typ des nicht-ok-K-Ichs sind überzeugt, man erwarte von ihnen, sie sollten Muster an Glauben und Tugend sein, und dabei leiden sie vielleicht an Phasen starker Schuld- und Minderwertigkeitsgefühle, unter Angst und dem ganzen übrigen Spektrum der nicht-ok-Gefühle. So schreibt ein Priester: »Nie war mir zum Bewußtsein gekommen, wie einsam meine Gemeinde ist und wie einsam ich selbst bin.« Für ihn ist die ganze Welt im ewigen Einerlei versunken, die Christenheit an allen Enden dem Verfall preisgegeben. »Der frohe Glaube, daß es mit allem zum besten stünde, ist bei den Oberen längst erstorben«, heißt es weiter, und dann beschreibt er das gegenwärtige nicht-ok-Sein in seinem Sprengel. »Die ihn noch bekennen, lehren ihn nach alter Gewohnheit, ohne an ihn zu glauben.« In solchen Pfarrern ist nur noch eine dünne Schicht von ok-Sein vorhanden – darunter sind sie Gefangene des nicht-ok-K-Ichs. »Beim geringsten Einwurf gönnen sie einem ein verständnisvolles Lächeln und geben sich geschlagen.«[16]

Der vom ok-Kindheits-Ich bestimmte Glaubende und seine Gotteserfahrung

Gottesvorstellung: Unter den verschieden veranlagten Frommen wird die reichste Gotteserfahrung wahrscheinlich den ausgewogenen Glaubenden zuteil, die ein starkes freies K-Ich haben.
Während der Glaubende, in dem das strafende EL-Ich vorherrscht, Gott als den Richtenden und Strafenden sieht, begreift der vom ok-K-Ich Gelenkte Gott als Freund und wohlwollenden Vater, »der mich lieben und stets bei mir sein will«.
Im Gegensatz zum nährenden EL-Ich, das die menschlichen Bedürfnisse erkennt, deren Gott sich annimmt, möchte das ok-K-Ich an Gott auch als freies Kind denken: »Gott singt im Wind und tanzt in den Bäumen; überall sehe ich seine Schönheit und Lieblichkeit.«
Nicht-ok-Leute, die aus dem K-Ich leben, begreifen Gott als jemanden, der sie »erwischen« will, und in ihren Gefühlen mischen sich Rebellion, Schuld, Angst usw. Glaubende des freien K-Ichs dagegen sehen Gott als den, der ein liebendes Band zu ihnen knüpfen will, und ihre Reaktion darauf ist tief und schön: »Gott will nur, daß ich ihn liebe, für alles andere

wird er sorgen.« »Alles, was ich sehe oder berühre, scheint von Gott zu sein. Gott ist mir so nahe, daß ich ihn bis ins Mark spüre.«

Gebet: Das Gebet des freien K-Ichs kann spontan, kontemplativ, ekstatisch, unkontrolliert sein. Wenn diese Menschen still und gesammelt sind, geraten ihre Gebete oft in Ekstase, bis hin zu jener Vereinigung mit Gott, die man als »geistliche Intimität« bezeichnen kann.

»Halte du meine Hand, Herr, und sei bei mir. Ich liege hier unter diesem Baum und freue mich am Gras, am Himmel und am Wind. Ich möchte dich nahe wissen. Ich möchte die Freude mit dir teilen, daß ich mit der Erde in Fühlung bin.« Die Sakramente der Kirche bieten dem ok-K-Ich noch mehr Gelegenheit zum Kontakt mit dem göttlichen liebenden Freund.

Diese Menschen sind besonders offen für mystische Gebetserfahrungen. Das außerordentliche Gebet ist bei ihnen durch den Überschwang der Gefühle charakterisiert: Vereinigung, Freude, Friede, Liebe. Dabei wird ihnen eine ekstatische, einzigartig persönliche Erfahrung zuteil, die die gegenwärtige leibliche Begrenzung überschreitet.

In den ekstatischen Gebetserfahrungen lassen diese Menschen das pflichtbewußte EL- und das reflektierende ER-Ich hinter sich und leben im Augenblick (mit Erlaubnis des EL-Ichs und aufgrund der Entscheidung des ER-Ichs) völlig im freien K-Ich. »Lasset die Kindlein zu mir kommen«, sagt Jesus, »denn solcher ist das Reich Gottes« (Lk 18,16).

Dieser totale K-Ichzustand tritt im täglichen Leben selten ein, und auch die Glaubenden, die ihn erleben, sind selten. Viele religiöse Erfahrungen sind mit ethischen Entscheidungen verbunden (EL) und erfordern auch theologische Reflexion (ER); aber es gibt auch seltene und besondere Augenblicke, in denen das ok-K-Ich frei regiert. Daraus können ekstatische Gotteserfahrungen hervorgehen.

180

Der vom Erwachsenen-Ich bestimmte Glaubende und seine Gotteserfahrung

Gottesvorstellung: Gott ist beschrieben worden als der Eine, Gute, Schöne und Wahre. ER-Glaubende können den Wunsch haben, durch ihre Beziehung zu Gott teilzuhaben an diesen Qualitäten. Von einem moralischen oder ethischen Standpunkt aus wollen sie so gut sein, wie Gott gut ist. Im Blick auf ihr Verlangen nach Schönheit nähern sie sich Gott als dem Ursprung aller Schönheit. Als denkenden Menschen geht es ihnen besonders um Wahrheit und Wissen. Theologie als reflektive Wissenschaft umfaßt viele ER-Aktivitäten: Denken, vernünftiges Abwägen, Sammeln und Klären von Fakten, Werten und Entscheiden. ER-Glaubende benützen diese Fähigkeiten, um den Weg ihres Geistes zu Gott zu erhellen. Der Geist eincs jeden ER-Glaubenden, der sich von der Inneren Kraft leiten läßt, geht seinen ihm eigenen Weg.

Theologie: Wenn jemand eine theologische Meinung äußert, die sich von der eines ER-Glaubenden unterscheidet, dann wird dieser Wert darauf legen, sie zu hören. Während der EL-Glaubende einem solchen Abweichler in unmißverständlicher Weise zu verstehen gibt, daß seine Ansicht falsch ist, sieht der ER-Glaubende, daß der Glaube seines Gesprächspartners eben anders ist als sein eigener. Er geht gern den verschiedenen Möglichkeiten religiösen Denkens und den vielfältigen Weisen von Gottes Sein und Handeln in der Welt nach.

Psychologisch gesprochen, sehen EL-bestimmte Menschen den Glauben in erster Linie als *Forderung* oder als *Bedingung* an; für K-Bestimmte ist der Glaube vorwiegend ein *emotionales Erleben,* und die vom ER-Ich Geleiteten fassen den Glauben primär als *reflektierte Entscheidung* auf.

Gebet: Das Gebet der ER-Glaubenden ist vom theologischen Denken bestimmt. Diese Menschen haben das Bedürfnis, die Bibel oder andere religiöse Literatur reflektierend zu lesen. Gespräche und Diskussionen um Glaubensfragen dienen ihnen zur Bereicherung des geistlichen Lebens. Ihr Gebet könnte man als schrittweises Nachdenken bezeichnen. Es ist die Eigenart der religiösen Erfahrung dieser (ER-)Glaubenden, daß sie nicht auf Gefühle abhebt, sondern auf intellektuelle Einsicht, die neue Wege zum Verstehen und Bewerten des Erlebens weist. Während das Vaterunser das EL- und K-Ich anspricht, bieten andere liturgische Formulare – z.B. das Apostolische Glaubensbekenntnis – Stoff für die Reflexion des ER-Ichs.

Für »erwachsene« Glaubende umfaßt die religiöse Erfahrung meist Elemente des Denkens (ER), der Gefühle (K) und der Bedürfnisse (EL). Das ist ein Hinweis darauf, daß diese Menschen nicht ausschließlich entweder nur als ER- oder nur als K- oder nur als EL-Glaubende leben und handeln, sondern daß der Innere Kern die drei Ichzustände miteinander verbindet, wie es der Psalmbeter sagt: »Wenn ich sehe die Himmel, deiner Finger Werk, den Mond und die Sterne, die du bereitet hast: was ist der Mensch, daß du seiner gedenkst, und des Menschen Kind, daß du dich seiner annimmst?« (Ps 8,4–5).

Der autonome Glaubende

Man kann den erwachsenen Glaubenden als »autonom« beschreiben. Es ist charakteristisch für diese Menschen, daß sie sich in der Hand haben, selbst ihr Schicksal bestimmen, die Verantwortung für ihr Tun und ihre Gefühle übernehmen und schädliche oder sinnlose Handlungen vermeiden.

Integrierte, entscheidungs- und handlungsfähige ok-Menschen nennen wir autonom; diese Menschen sind frei, *sie selbst zu sein und zu werden.*

Eine solche Autonomie wird von vielen Menschen als religiöses und menschliches Grundrecht angesehen, aber nur wenige erlangen sie wirklich. Eric Berne erklärt das so: »Der Mensch wird frei geboren, doch das erste, was er lernt, ist, das zu tun, was ihm gesagt wird, und sein ganzes weiteres Leben lang tut er nichts anderes.«[17]

Die wirklich autonomen Menschen, sagt Berne, zeigen sich »in der Freisetzung oder Wiedergewinnung von drei Fähigkeiten: Bewußtheit, Spontaneität und Intimität«[18]. Der erwachsene Glaubende lernt es ebenso, diese Fähigkeiten zu entwickeln. Sie sind das Zeichen dafür, daß die Innere Kraft frei durch den Inneren Kern strömt.

Bewußtheit: Der Prozeß des Autonom-Werdens beginnt mit Bewußtheit. Der erste Schritt auf die religiöse Integration hin ist, Bewußtheit zu entwickeln, wobei das ER-Ich Regie führt. Bewußt lebende Glaubende, die ihr ER-Ich gebrauchen, fangen etwa an, archaische (aus der Kindheit stammende) religiöse Gedanken und Vorstellungen abzulegen, die ihre gegenwärtige Wahrnehmung verzerren. Übergriffe (Kontaminationen) des EL- bzw. des K-Ichs in das ER-Ich werden dadurch rückgängig gemacht, das ER-Ich bekommt seine volle Funktionsfähigkeit. ER-Glaubende können deshalb lernen, religiöse Erfahrung sich nicht so sehr in Form gelernter Tradition, sondern mehr durch eigene persönliche Begegnung anzueignen. Menschen, die wahrnehmen, daß sie sich wie strafende Tyrannen oder wie trotzige Kinder verhalten, können sich im Inneren Kern entscheiden, was nun geschehen soll: ob sie bei diesem Verhalten bleiben, es sich zu eigen machen und damit angeben wollen, oder ob sie sich entschließen, es zum alten Eisen zu werfen, weil es wertlos ist. Glaubenden, die anfangen, bewußter zu leben, erscheint die ganze Welt in einem neuen Licht. Sie kommen mit den Dingen in einer neuen Weise in Kontakt. Berne erklärt das so: »Bewußtheit ist die Fähigkeit, auf unverwechselbar eigene Art eine Kaffeekanne zu sehen und die Vögel singen zu hören, nicht so, wie es einem beigebracht worden ist.«[19]

Spontaneität: Diese zweite Fähigkeit autonomer Menschen beschreibt Berne als die Fähigkeit, einen Wechsel der Ichzustände aufgrund eigener Entscheidung vornehmen zu können. Spontaneität erlaubt den Glaubenden, ihre Fähigkeit zu selbständiger Entscheidung und zu selbstverantwortlichem Handeln einzusetzen oder wieder zu erlangen. Ein Kennzeichen der erwachsenen religiösen Persönlichkeit ist die Übereinstimmung zwischen ihrem inneren ethischen Maßstab und ihrem äußeren Verhalten. Im Kontakt mit ihrer Inneren Kraft übernehmen sie die Verantwortung für ihre eigenen ethischen Entscheidungen. Sie fühlen sich frei, ihre eigenen Belange zu wahren, respektieren aber auch voll und ganz die Rechte und Freiheiten ihrer Mitmenschen.
Autonome Menschen sind im allgemeinen flexibel, aber nicht töricht oder impulsiv. Anstatt sich dem Zwang eines vorgegebenen religiösen Lebensstils zu beugen, lernen sie, neuen Situationen zu begegnen und neue Wege des religiösen Denkens, Fühlens und Reagierens zu gehen. Es ist eine Grundüberzeugung der TA, daß Menschen trotz des Einflusses grundlegender Instinkte und Triebe, trotz der Auswirkungen von Vererbung und Umwelt die Verantwortung für sich selbst übernehmen und es lernen können, ihren Fähigkeiten Sinn und Ziel zu geben. Diese Kraft kommt aus dem Inneren Kern.

Intimität: Diese dritte Fähigkeit autonomer Menschen bedeutet, daß das natürliche Kind Gefühle von Wärme und Nähe anderen gegenüber zum Ausdruck bringt. Hierbei entwickeln sie die Fähigkeit, mit dem Verstand und dem Gefühl zu

184

lieben, um mit den anderen so in Austausch zu treten, daß Nähe gefördert wird. Intimität kann sich auch auf intensive emotionale Gotteserfahrungen beziehen, ein im Gefühl verankertes Wissen, daß »Gott Liebe ist«. Viele Glaubende, die nicht gewöhnt sind, Zärtlichkeit auszudrücken, werden vielleicht ihr Gefühl der Zuneigung zurückhalten oder blokkieren.

Manche Glaubende mögen sich sogar unbeholfen vorkommen, wenn sie zum ersten Mal ihre Fähigkeit zur Intimität anderen oder Gott gegenüber erforschen. Die Innere Kraft will nach außen gelangen und erzeugt in ihnen neue, ungewohnte Reaktionen. Aber wenn sie es lernen, ihr natürliches K-Ich freizusetzen, wird es ihnen möglich werden, sich offener zu geben.

Fassen wir zusammen: *Bewußtheit* gestattet den Menschen, mit dem Hier und Jetzt in Kontakt zu stehen; *Spontaneität* ermutigt sie, ihren eigenen Zielen Gestalt zu geben; und *Intimität* bereichert ihr Leben mit Wärme und Zärtlichkeit. Diese drei Fähigkeiten zusammen kennzeichnen den autonomen Glaubenden, einen Menschen, »den die Seele liebt«.

Nehmen Sie sich einige Augenblicke Zeit

Obwohl wenige Menschen die Bibel lesen, und noch weniger Menschen sie ernsthaft studieren, gründen doch viele ihr Leben und ihre Wertvorstellungen darauf, was ihrer Meinung nach in der Bibel steht. Zwar halten alle Glaubenden die Bibel für Gottes Wort, aber viele nehmen doch im Verhältnis zu ihr widersprechende Standpunkte ein. Der Grund dafür ist, daß in den Menschen verschiedene Ichzustände vorherrschen.

Stellen Sie fest, in welch unterschiedlichr Weise Glaubende des strafenden EL-, des nährenden EL-, des nicht-ok-K-, des freien K- und des ER-Typs die Bibel auslegen mögen.

Vergleichen Sie diese Positionen und beachten Sie dabei auch die Gegensätze.

9 WER WÄLZT UNS DEN STEIN VON DES GRABES TÜR?

Markus 16,3

Das ok-Sein und die Bibel

Shirley MacLaine fragte ihren Vater, ob sie ihren schwarzen Freund Sidney Poitier zum Abendessen nach Hause bringen dürfe. Der Vater lehnte ab: »Nicht, daß *ich* mich nicht freuen würde. Es ist wegen der Nachbarschaft . . . Ich muß hier leben, wenn das Abendessen vorbei ist, du aber nicht.«

»Und so kam Sidney Poitier nie zum Essen«, schreibt Shirley traurig, »und Papa versuchte nie, den wahren Menschen in sich selbst auszugraben, weil er Angst hatte.«[20]

Wieviele Menschen haben Angst, wie Shirleys Vater, in sich zu gehen und mit dem Inneren Kern Kontakt aufzunehmen? Ist da eine Angst vor dem Leben aus der Inneren Kraft? Wieviele haben Angst, den Stein wegzuwälzen und zu sehen, was in ihnen lebt?

Sagt Gott wirklich »Du bist ok«?

Der Grundgedanke dieses Buches und der Transaktionsanalyse beruht letztlich auf dem Glauben, daß Gott alle Men-

186

schen mit einer bedingungslosen Liebe liebt. Genauer gesagt: Wir sind zu dem Glauben gekommen, daß im Inneren Kern eines jeden Menschen Gott wirklich sagt: »Du bist ok.«

Viele Menschen jedoch finden es schwierig, in den Spiegel zu schauen und aufrichtig zu sich zu sagen: »Ich bin ok.« Anstatt sich mit Gottes Zusicherung einverstanden zu erklären, scheinen sie nur in der Lage zu sein, Fehler und Schwächen zu erkennen, Begierde und Neid, Habsucht und Bequemlichkeit, Selbstsucht, Fühllosigkeit und all die übrigen Eigenschaften, die zu einer nicht-ok-Bewertung des eigenen Wesens führen. Wird Gott sie trotz all dem akzeptieren? Spricht Gott zu solchen Leuten doch noch das Wort liebender Annahme: »Du bist ok«?

Die Antwort lautet: »Ja«.

Im Alten Testament

Gottes bedingungslose Liebe zu den Menschen wird in der Bibel wohl begründet. Von Abraham bis zu dem Evangelisten Johannes, vom Buch der Genesis bis zur Offenbarung Johannis lautet die fundamentale Botschaft: Gottes Liebe ist ewig und bedingungslos; er sorgt für sein Volk, er vergibt ihm und nimmt es an (Ps 111,9). In der gesamten Geschichte hat Gott auf die verschiedenste Weise versucht, sein unwandelbares Ziel, das er der Menschheit gesteckt hat, unmißverständlich deutlich zu machen (Hebr 6,17; 2 Mose 4,31; 3 Mose 26,42).

Auch die Propheten des Alten Testaments verkündeten Gottes Botschaft: seine eindeutige Bereitschaft, sein Volk anzunehmen: »Ich will unter ihnen wohnen und will ihr Gott sein, und sie sollen mein Volk sein« (Hes 37,27). Und Jeremias sagt im Namen Gottes: »Ich will einen ewigen Bund mit ihnen machen, daß ich nicht will ablassen, ihnen Gutes zu tun« (Jer

32,40). Der Prophet Hosea erklärt, wie Gott sein Volk »an Seilen der Liebe« gehen läßt (Hos 11,4).

Gottes Wort an das gefangene Volk lautet: »Es sollen wohl Berge weichen und Hügel hinfallen, aber meine Gnade soll nicht von dir weichen, und der Bund meines Friedens soll nicht hinfallen, spricht der Herr, dein Erbarmer« (Hes 54,10).

Im Neuen Testament

Die Zusicherung von Gottes immerwährender und grenzenloser Liebe hat im Neuen Testament einen noch klareren und stärkeren Klang.

Evangelium heißt »gute Botschaft«. »Jesus kam nach Galiläa«, schreibt Markus, »und predigte das Evangelium vom Reich Gottes und sprach: ›die Zeit ist erfüllt, und das Reich Gottes ist herbeigekommen. Tut Buße und glaubt an das Evangelium‹«. Nehmt die gute Botschaft an, ruft Jesus. Glaubt es doch, daß Gott euch liebt, daß er euch vergibt, daß er euch ernst nimmt, daß er euch ganz annimmt[21].

Die Predigt Jesu kreist um die Einladung Gottes, die lebende Gemeinschaft zwischen ihm und seinem Volk zu vollenden (Joh 14,3). Die Vereinigung von Mann und Frau ist nur ein annäherndes Bild der Einheit, die Gott mit seinem Volk zu haben wünscht (Eph 5,21–33).

Die Menschen sind eingeladen, in Gottes Leben lebendig zu sein, zu atmen, zu denken und zu lieben – nicht nur mit Gott, sondern in ihm: ». . . auf daß sie alle eins seien, gleichwie du, Vater in mir und ich in dir; daß auch sie in uns eins seien« (Joh 17,21). Dies ist das Gebet Jesu; er spricht es nicht nur für seine Jünger, sondern für alle Männer und Frauen, die je das Evangelium hören werden (Joh 17,20).

Sich für die gute Botschaft entscheiden, heißt, sich für das ok-Sein entscheiden, denn das Evangelium verkündet die göttliche Zusage, daß jeder Mensch ok ist.

Ok-Sein und Leben

Im Johannesevangelium und in den Briefen des Johannes wird Jesus oft als der bezeichnet, der das Leben bringt[22]. »Ich bin gekommen, daß sie das Leben und volle Genüge haben sollen« (Joh 10,11). Im Alten Bund hatte Gott versprochen, das Volk Israel würde als sein Volk leben, als sein Eigentum. Im Neuen Bund weitet Gott seine Zusage auf die ganze Menschheit aus. Die Menschen werden eingeladen, in seinem Leben mit-zu-leben. Die gute Botschaft Jesu verkündet unsere totale Lebenseinheit mit Gott. Gottes Leben wird unsere Innere Kraft[23].

Söhne und Töchter Gottes

Der Apostel Paulus sagt, die liebende Beziehung zwischen den Menschen und Gott geschehe durch den Heiligen Geist[24]. »Welche der Geist Gottes treibt, die sind Gottes Kinder«, versichert Paulus. Wenn wir rufen »Abba, lieber Vater«, dann ruft der Heilige Geist selber, »er gibt Zeugnis unserem Geist, daß wir Gottes Kinder sind« (Röm 8,14–16). Der Heilige Geist bestätigt in uns das ok-Sein und hilft uns wahrzunehmen, daß wir wahrhaftig Gottes Kinder sind. So, wie Kinder der Menschen ein menschliches Leben führen, so leben Kinder des Heiligen Geistes im göttlichen Leben[25]. Bei einer solch starken Bindung kann keine Macht die Glaubenden von Gottes beständiger Inneren Kraft trennen[26].
Niemand kann letztlich die Überzeugung vom persönlichen ok-Sein bestreiten, die im Inneren Kern liegt und ihre Quelle in Gott hat. Der Same göttlichen Lebens ist den Kindern Gottes eingepflanzt[27]. Hier ist kein Platz für Angst und Feindschaft[28]. Sie erfreuen sich einer »herrlichen Freiheit« (Röm 8,21).
Die Erlösung (ein Ausdruck, der Gottes endgültigen Sieg

über das nicht-ok-Sein meint) ist nicht ein Menschheitstraum; die Menschen haben Gott nicht darum gebeten. Es war Gott, der diesen Gedanken als erster faßte[29]. »Darin steht die Liebe: nicht, daß wir Gott geliebt haben, sondern, daß er uns geliebt hat und gesandt seinen Sohn.«[30]

Sein Volk umschließt alle Menschen

Mancher wendet vielleicht ein: »Gottes Liebe zu seinem Volk – recht und gut, eben *für sein Volk*. Aber die übrige Menschheit? Kann irgend jemand, außer Christen und Juden, ok sein?« Die Antwort lautet: »Ja.« Sogar im Alten Testament, als die Israeliten Jahwe als ihr alleiniges Gut betrachteten, blieb der Bund für Außenstehende offen. Obwohl Gott besonders die Israeliten zu sich rief, wollte er doch, daß sie seine Botschaft von Vergebung und Annahme an die ganze Welt weitergeben sollten[31]. »Ich habe dich auch zum Licht der Heiden gemacht, daß du seiest mein Heil bis an der Welt Ende« (Jes 49,6). »Und es soll geschehen, wer des Herrn Namen anrufen wird, der soll errettet werden,« sagt der Prophet Joel (Joel 3,5).

Auch im neuen Bund, den Jesus verkündet, ist es Gottes Wunsch, daß alle Menschen gerettet werden[32]. »Denn Gott hat seinen Sohn nicht gesandt in die Welt, daß er die Welt richte, sondern daß die Welt durch ihn selig werde« (Joh 3,17). Die Einladung, gerettet zu werden, ist an keine Voraussetzung auf Seiten des Annehmenden gebunden[33]. Theologisch gesehen kann niemand einwenden, er sei von der göttlichen Annahme ausgeschlossen, weil Gottes Segen nur »seinem Volk« gegeben sei. Jeder wird zum Volk Gottes gerechnet[34]. Die Innere Kraft lebt im Inneren Kern eines jeden. »Welche der Geist Gottes treibt, die sind Gottes Kinder« (Röm 8,14).

Der Apostel Paulus sagt, Gott spreche nicht nur den Menschen, sondern auch der ganzen Schöpfung das ok-Sein zu. Gottes Plan ist, alle Dinge im Himmel und auf Erden in Liebe zusammen zu fassen[35]. Es ist Gottes Wille, daß im Universum alles zur Erfüllung kommt: Magnolienbäume, Shetlandponys, amerikanische Rosen, deutsche Schäferhunde, siamesische Katzen, alles, was atmet und wächst[36]. Die Schöpfung, die Gott im Anfang »gut« fand (1 Mose 1,25), soll vom Heiligen Geist erfüllt werden und zusammen mit Gottes Volk als eine neue Welt aufblühen.

»Träufelt, ihr Himmel, von oben, und die Wolken regnen Gerechtigkeit. Die Erde tue sich auf und bringe Heil, und Gerechtigkeit wachse mit zu. Ich, der Herr, schaffe es« (Jes 45,8).

Im Buch Jesaja ist die Erlösung von allem Bösen – dem kollektiven wie dem persönlichen – und das Erfassen völliger Gewißheit schon genannt. Niemand und nichts soll sich mehr nicht-ok fühlen; die ganze Schöpfung wird von der Inneren Kraft durchdrungen sein und unwiderleglich von sich sagen können, sie sei ok (Jes 40–66). »Meine Gerechtigkeit wird kein Ende haben«, erklärt der Herr (Jes 51,6).

Die Vorstellung des Bösen

Obwohl es für die Menschen beruhigend ist, daß Gott jedem das ok-Sein zuspricht, steigen doch ernsthafte Zweifel auf, wenn sich die Frage nach der Sünde und nach dem Bösen erhebt.

So gut und hoffnungsvoll unsere Grundhaltung sein mag, so spüren wir doch zuweilen, daß offenbar unausrottbare negative Kräfte in uns sind. Aus Erfahrung wissen wir, daß wir zu ausbrechendem Ärger, zu Sünden, Hochmut, Eigensinn und Grausamkeit fähig sind.

Die Menschen neigen dazu, dieses Böse in sich zu externalisieren. Manche personifizieren es als böse Kraft, der sie allerlei Namen geben; jede Kultur hat ihre bösen Dämonen. Manche Leute verlegen das Böse in andere Menschen – in die »bösen Buben«, die Verbrechen begehen und sich in der Gesellschaft unmoralisch verhalten. Wieder andere sehen das Böse in den kulturellen Bedingungen ringsum oder in den perversen Strukturen der Gesellschaft. Solche Bedingungen, sagen sie, verursachen Kriege, Korruption, Prostitution, Benachteiligung der Minderheiten usw.

Die Tiefenpsychologie lehrt, daß in sehr realem Sinne wesensmäßig zu jedem Menschen sowohl böse als auch gute Tendenzen gehören. C. G. Jung nannte diese dunkle Macht den »Schatten«. Für alles, was den Menschen aus der Fassung bringt und wessen er sich schämt, steht der Schatten. Der Schatten umfaßt alles, was im Inneren böse, destruktiv oder chaotisch ist: Unwert-, nicht-ok-Gefühle und Verwirrung.

Und so erhebt sich die Frage: wie kann Gott oder sonst jemand mich für ok erklären, wenn doch diese dunkle Seite von Haß, Betrug und Begierde ein Teil meiner selbst ist? »Ich elender Mensch!« ruft Paulus aus, »wer wird mich erlösen von dem Leibe dieses Todes?« »Das Gute, das ich will, das tue ich nicht; sondern das Böse, das ich nicht will, das tue ich. So ich aber tue, was ich nicht will, so tue ich dasselbe nicht, sondern die Sünde, die in mir wohnt« (Röm 7,24. 19–20).

Kann Gott diesen unseren negativen Teil akzeptieren? Gott akzeptiert ihn nicht nur – er verwandelt unseren Inneren Kern, so daß wir das Negative überwinden können[37]. Zwar gehört die Sünde zum Menschen, aber ihm ist doch – auch im irdischen Leben – jene Innere Kraft geschenkt, die ihn von der Sünde befreit und ihn stärkt gegenüber den Mächten der Sünde und des Bösen. Die Innere Kraft, das neue Leben, ist ein Schatz, kostbar, aber auch zerbrechlich[38]. Hier, sagt Paulus, ereignet sich das Leiden und die Herrlichkeit von Gottes Liebe: unser Innerer Kern stirbt immer wieder ins nicht-ok-Sein hinein, dann aber kann die Innere Kraft als neues Leben offenbar werden[39].

Gottes Geist – das Unterpfand des ok-Seins

Als Sünder mögen die Menschen in Angst und Furcht seufzen, – aber sie brauchen nur um Vergebung zu bitten[40].
Gott spendet seine Innere Kraft am bereitwilligsten denen, die hoffnungslos sind[41].
Gottes Plan ist, daß das Sterbliche ins göttliche Leben verwandelt werden soll. »Der uns aber dazu bereitet, das ist Gott, der uns das Pfand, den Geist, gegeben hat« (2 Kor 5,5). Gott hat uns das Siegel seiner Billigung aufgedrückt und uns seinen Geist als Garantie für sein Versprechen gegeben[42].
Unser Sündersein und das Böse halten Gott nicht davon ab, uns das ok-Sein zuzusprechen, denn sein Geist (die Innere Kraft) ist in uns am Werk. »Gott, der Christus von den Toten auferweckt hat, wird eure sterblichen Leiber lebendig machen, um deswillen, daß sein Geist in euch wohnt« (Röm 8,11). Der Innere Kern wird »von Tag zu Tag erneuert« (2 Kor 4,16). Die Innere Kraft ist stark und erstaunlich in ihrer Wirkung; sie kann und wird nicht durch die Sünde oder durch das Böse überwältigt werden[43].

Ok-Sein und Glaube

Menschen, die die Bibel genau lesen, wissen, daß das Gerettetwerden vom Glauben abhängt. Durch den Glauben an Gott erhalten die Menschen das ewige Leben[44]. Sagt also Gott nur zu den Glaubenden: »Ihr seid ok?«
Nein. Paulus schreibt, daß zwar nur die Glaubenden erlöst

werden, dieses Angebot gelte jedoch allen Menschen[45]. Obwohl der Glaube eine Gottesgabe ist, über die niemand verfügen kann, ist er dennoch eine Gabe, die durch Christus jedem angeboten wird.

In jedem Fall muß der Glaube angenommen werden, bevor er wirksam werden kann. Das Gleiche gilt für Gottes Zusicherung »Du bist ok«. Der Glaube ist, ebenso wie unsere Reaktion auf Gottes Zusage, wir seien ok, stets eine persönliche, freie Entscheidung. Niemand kann einen Menschen zwingen, zu glauben, auch Gott nicht.

Glaube, oder wie er hier gemeint ist, ist nicht nur die intellektuelle Annahme einer Wahrheit, sondern Hingabe in Hoffnung und Vertrauen auf Gott und seine Zusagen. Die Bibel beschreibt den Glauben als Neuorientierung des Lebens[46], die das gesamte Verhalten eines Menschen zu Gott und der Welt umfaßt[47].

Der Glaube als eine das gesamte Leben umfassende Einstellung erzeugt neue Möglichkeiten für den Glaubenden. Jesus sagt: »Alle Dinge sind möglich dem, der da glaubt« (Mk 9,23).

So, wie es einen schwachen oder unvollständigen Glauben gibt, so kann auch die Gewißheit des ok-Seins schwach oder stark sein[48].

Wirklich glauben, daß Gott uns das ok-Sein zuspricht, heißt, die Innere Kraft ganz annehmen – als eine Verheißung, daß wir zu unserer Vollendung kommen werden. Dieses Annehmen läßt unsere bruchstückhafte Persönlichkeit zu einem wesenhaften Ganzen werden und hilft, das Geteilte in uns zu einen. Es bringt eine neue Dimension in die Grundlagen unseres Lebens.

Das ok-Sein und die, die nicht glauben

Können nicht-glaubende Menschen überhaupt das ok-Sein erleben, auch wenn Gott es ihnen zuspricht?

Die Antwort lautet: Ja. Das ok-Sein wird erlebt, wenn das Leben eines Menschen vom neuen Gebot der brüderlichen Liebe bestimmt wird, das Jesus verkündet hat: »Dabei wird jedermann erkennen, daß ihr meine Jünger seid, so ihr Liebe untereinander habt« (Joh 13,35).

Menschen, die ihren Nächsten lieben, werden an Christus »angeschlossen«, ob sie es wissen oder nicht. Brüderliche Liebe erzeugt ok-Sein, und ein Mensch, der imstande ist, seinen Nächsten zu lieben, weiß, daß er ok ist. Unabhängig davon, ob diese Menschen ihren Glauben an Gott wahrnehmen, gehören die, die ihrensNächsten lieben, zu Gottes neuem Bund[49]. Durch die brüderliche Liebe öffnen die Menschen ihren Inneren Kern der Inneren Kraft. »Gott ist Liebe, und wer in der Liebe bleibt, der bleibt in Gott und Gott in ihm«[50].

Auch die, die nicht glauben, können das ok-Sein finden, wenn sie aufrichtig leben und handeln. »Wer die Wahrheit tut, der kommt an das Licht« (Joh 3,21) und das ist das Zeichen dafür, daß ihr Leben seine Quelle in der Inneren Kraft hat.

Abschluß

Wir konnten anhand der Bibel zeigen, daß jedermann zum ok-Sein gerufen ist: Menschen mit und ohne Glauben, Gerechte und Sünder, Starke und Schwache. Jeder ist eingeladen, das ok-Sein anzunehmen und in sich die Innere Kraft freizusetzen, diese Kraft am Grund der Quelle, die tief im Inneren Kern lebendig ist.

Wer wälzt uns den Stein von des Grabes Tür?
Und sie sahen, daß der Stein schon weggewälzt war!

LEITFADEN FÜR DIE GRUPPEN- ARBEIT

Wir haben dieses Buch geschrieben, weil wir davon überzeugt sind, daß die Transaktionsanalyse dem Glauben und dem Leben der Kirche Hilfe und Klärung vermitteln kann.

Dieser Leitfaden für die Gruppenarbeit entstand auf Anfragen vieler kirchlicher Gruppen hin, die unser Buch als Text für ihre Diskussion benutzen wollten.

Unsere Erfahrungen mit dem kirchlichen Leben, mit Pfarrern, kirchlichen Mitarbeitern, Gruppen und Gemeindegliedern der verschiedensten Glaubensrichtungen ließen uns zu der Überzeugung kommen, daß viele Probleme, die aus der Unterschiedlichkeit theologischer Positionen zu kommen scheinen, auch mit der Unterschiedlichkeit der Personen zu tun haben, die diese Positionen vertreten. Die TA kann bei der Klärung solcher Konflikte behilflich sein. Sie ist ein Werkzeug, das Menschen neue Zugänge zu Wachstum und gemeinsamer Arbeit in Gruppen eröffnet.

Dieser Leitfaden ist einfach im Gebrauch. Seine Abschnitte

entsprechen den Kapiteln in unserem Buch. Jeder Abschnitt beginnt mit einem »Überblick« über das Material unter Hinweis auf die jeweiligen Hauptpunkte. Unter der Überschrift »Ziele« werden die Lernziele und Lernpunkte genannt, die sich jeder beim Lesen und Diskutieren – wie wir hoffen – wird aneignen können. Danach werden Inhalt und Zielrichtung der Übung »Nehmen Sie sich einige Augenblicke Zeit« beschrieben. Am Schluß des Abschnitts folgen Anregungen für »Diskussionsfragen«.

Ein Gruppenleiter ist für den Erfolg einer Diskussion viel wichtiger, als man gemeinhin annimmt. Ein fähiger Leiter ist für die Gruppe eher ein Helfer als ihr Lehrer. Der wahrnehmungsfähige Gruppenleiter, der eine freundlich-einladende Atmosphäre verbreitet, vermittelt den Teilnehmern die Freiheit, offen zu sagen, was sie wissen, wie sie sich fühlen, welche Fragen sie haben, und wie sie sich eine Verbesserung der Situation in der Gemeinde vorstellen. Ein sensibler Gruppenleiter, unter dessen Leitung die Kreativität jeden Teilnehmers und sein Bedürfnis nach Kommunikation gestärkt werden, wird eine dynamische und interessante Diskussion erleben.

Wir sind unseren vielen alten und neuen Freunden für ihre Vorschläge zu Diskussionsfragen dankbar und hoffen, daß die Diskussionen über dieses Buch in den Gemeinden neues Leben und neue Kraft hervorrufen.

Muriel James
Lafayette, Calif.

Louis M. Savary SJ
S. Belmar, N. J.

Zu Kapitel 1 (S. 15-35)
Ist auch ein Wort vom Herrn vorhanden?
Eine Einführung in die Transaktionsanalyse

Überblick
Dieses Kapitel handelt von den Grundbegriffen der Transaktionsanalyse: Wer hat sie geschaffen? Wie wirkt sie? Welches sind ihre Vorzüge?

Am Schluß wird eine erste Verbindung zwischen der TA und dem Glauben hergestellt.

Ziele

Vergewissern Sie sich als Leiter, daß jeder Teilnehmer das TA-Konzept von den drei Ichzuständen versteht:

1. Die Unterscheidung von Eltern-Ich (EL), Erwachsenen-Ich (ER) und Kindheits-Ich (K)[51] (S. 15-31).

Das folgende Diagramm kann dies nochmals verdeutlichen:

Wenn manche Leute in Ihrer Gruppe nur wenig oder nichts über TA wissen, verwenden Sie dazu ausreichend Zeit, damit sie sich mit den Konzepten der TA vertraut machen können. Dieses Verständnis der Person ist nötige Voraussetzung, um unser Buch zu verstehen. Sein ganzer Inhalt basiert auf diesem Konzept der TA.

2. Das Zusammenwirken aller drei Ichzustände einer gesunden Persönlichkeit (S. 31-33).

3. Die grundlegende Beziehung zwischen Ichzuständen und religiösem Erleben (S. 33 f).

Zur Übung »Nehmen Sie sich einige Augenblicke Zeit«

1. Das Eltern-Ich in mir verstehen (S. 25).
2. Das Kindheits-Ich in mir verstehen (S. 29).
3. Das Erwachsenen-Ich in mir verstehen (S. 31).
4. Ichzustände und ihre spezifische religiöse Erfahrung (S. 35).

Diskussionsfragen

1. Nennen Sie einige für Sie wichtige Fragen, für die Sie sich eine Antwort vom Glauben und von der Bibel erhoffen (oder erhofften) (S. 16 f).

198

2. Können Sie sich vorstellen, auf welche Weise Ihre Stimmungen und Gefühle Ihr Denken über Gott und Ihre religiöse Erfahrung beeinflussen? (S. 17 f).

3. In welchen Bereichen hoffen Sie, Ihre Beziehung zu Gott zu vertiefen oder Ihr Verstehen der Bibel zu erweitern? (S. 17 f).

4. Haben Sie den Eindruck, daß die fünf Vorzüge der TA Ihnen helfen werden, zu Ihrer Gemeinde eine lebendigere Beziehung zu finden oder intensivere Glaubenserfahrungen zu machen? Womit begründen Sie diesen Eindruck? (S. 17–20).

5. In welcher Weise hat Ihr EL-Ich Ihr religiöses Denken und Leben beeinflußt? Wie kann Ihr EL-Ich dazu beitragen, daß Ihr Glauben im täglichen Leben einen deutlicheren Ausdruck findet? (S. 21–25).

6. Inwiefern hat Ihr K-Ich Ihren Glauben und die Art beeinflußt, wie Sie ihn in Ihrem praktischen Leben ausdrücken? (S. 25–29). Beschreiben Sie dies.

7. Inwieweit bestimmt Ihr ER-Ich Ihr religiöses Denken? Wie kann es Ihren Glauben und Ihr Verhalten stärken? (S. 29–31).

8. Wenn Sie Ihre Ichzustände und Ihr Glaubensleben betrachten: welche EL-, ER- und K-Aufzeichnung möchten Sie gerne behalten, und welche wollen Sie verändern? (S. 31–33).

9. Erklären Sie mit Ihren eigenen Worten, warum eine gesunde Persönlichkeit alle drei Ichzustände braucht. Was würden Sie in sich vermissen, wenn Sie z. B. kein EL-Ich hätten? Kein K-Ich? Kein ER-Ich? (S. 31–33).

Zu Kapitel 2 (S. 36–54)
Wisset ihr nicht, daß der Geist Gottes in euch wohnt?
Der Innere Kern und die Innere Kraft

Überblick

Dieses Kapitel behandelt das TA-Konzept vom Inneren Kern und von der Inneren Kraft. Dieses Konzept ist »neu« und wurde bisher in der TA-Literatur kaum diskutiert[52].

Wir hielten es für notwendig, dieses Konzept zu entwickeln, um in der Sprache der TA angemessener über Glaubenserfahrungen sprechen zu können.

Das Diagramm auf S. 41 ist der Schlüssel zum Verständnis des übrigen Buches.

Ziele

1. Das neue TA-Konzept vom Inneren Kern und von der Inneren Kraft verstehen (S. 36–42).

Innerer Kern: die immer vorhandene personale Wirklichkeit, die meinen drei Ichzuständen zugrunde liegt.

Die Innere Kraft: die Energiequelle der Persönlichkeit (Glaubende mögen diese innere Kraft »Gott« nennen oder »Christus in mir«, »Heiliger Geist«, »kosmische Energie«, »Seinsgrund« usw.).

2. Das Konzept vom Inneren Kern verbinden mit den Bereichen der menschlichen Beziehungen, mit religiöser Erfahrung, mit Sünde, mit den von außen einwirkenden Kräften (S. 42–54).

Zur Übung »Nehmen Sie sich einige Augenblicke Zeit«[53]

1. Nehmen Sie die Innere Kraft wahr, die in Ihnen wirkt (S. 39 f).

2. Nehmen Sie die unterschiedlichen Bewegungen in Ihrem Inneren Kern wahr (S. 51 f).

3. Schützen Sie den Inneren Kern vor den negativen Einwirkungen von außen (S. 54).

Diskussionsfragen

1. Beschreiben Sie mit eigenen Worten die Bedeutung des »Inneren Kerns« und der »Inneren Kraft«. Nennen Sie Beispiele aus Ihrer eigenen Erfahrung (oder aus der Erfahrung anderer) zur Verdeutlichung dieser beiden Vorstellungen. (S. 37–42).

2. Können Sie ein Beispiel dafür nennen, was geschieht, wenn Ihr Innerer Kern mit Ihrer Inneren Kraft in Fühlung kommt? Welches sind dabei Ihre Reaktionen und Gefühle? (S. 37–42).

3. Wie unterstützen der Innere Kern und die Innere Kraft das Zustandekommen menschlicher Beziehungen? (S. 42–44).

4. Erklären Sie mit Ihren eigenen Worten, wie sich Ihr Innerer Kern in Beziehung zu den drei Ichzuständen verhalten kann: (a) offen, (b) verschlossen oder (c) nur Mangel an Kontakt. Können Sie jede dieser drei Möglichkeiten anhand von Beispielen aus Ihrem eigenen Leben oder aus dem Leben von Menschen in Ihrer Umgebung illustrieren? (S. 44–48).

5. Was bewirkt ein offener Innerer Kern im Leben eines Menschen? Wie wirkt er sich auf andere Menschen aus? Wie wirken Menschen, deren Kern verschlossen ist, auf andere? Wie wirkt sich diese Verschlossenheit bei ihnen selbst aus? Kennen Sie jemanden dieser Art? (S. 44–48).

6. Was ist mit dem Ausdruck »Ursprüngliches Rechtsein« gemeint, und wie kann es mit Hilfe der Ichzustände bei einem Menschen wahrgenommen werden? Können Sie deutliche Beispiele dafür anführen, wo und wie sich das »Ursprüngliche Rechtsein« äußert? (S. 48–50).

7. Wie wirkt die Sünde auf die Innere Kraft ein? Kann das »Ursprüngliche Rechtsein« die Sünde überwinden? Wie? Wodurch? (S. 48–50).

200

8. Erklären Sie mit Ihren eigenen Worten den folgenden Satz: »Religiöse Erfahrung kann als Wirkung der Inneren Kraft beschrieben werden, die den Inneren Kern erfüllt, durch EL-, ER- und K-Ich strömt und sich in Beziehung zu Gott ausdrückt.«
Bejahen oder verneinen Sie diese Feststellung für sich? Können Sie Beispiele nennen, die Ihre Einstellung stützen? (S. 50 f).
9. Welche Möglichkeiten gibt es, mit der Inneren Kraft in Kontakt zu kommen? Wie können Sie Kanäle zu Ihrem Inneren Kern öffnen? (S. 37–51).
10. Wie kann das Verständnis des Inneren Kerns und der Inneren Kraft das Leben der Menschen bereichern (a) in religiöser Hinsicht, (b) im Blick auf sie selbst, (c) in der Beziehung zu anderen? (S. 42–51).
11. Diskutieren Sie den Einfluß der äußeren Kräfte in Ihrem eigenen Leben und im Leben derer, die Sie kennen (S. 52–54).

Zu Kapitel 3 (S. 55–74)
Wie sollen sie an den glauben, von dem sie nichts gehört haben?
EL-, ER- und K-Glaubende

Überblick
Die Sprache der TA läßt sich dazu verwenden, die verschiedenartigen Menschen zu beschreiben, die zur Kirche gehen oder nicht gehen. Obwohl es sehr unterschiedliche Typen von Glaubenden gibt, können doch die meisten allgemein als EL-Glaubende, als K-Glaubende oder als ER-Glaubende charakterisiert werden oder als eine Kombination aus allen drei Arten.

Ziele
1. Verständnis für die verschiedenen Glaubensweisen der EL-, ER- und K-Glaubenden (S. 55–65); vgl. dazu das zusammenfassende Diagramm S. 64.
2. Verständnis für die verschiedene Weisen, mit denen sich EL-, ER- und K-Glaubende am aktiven kirchlichen Leben beteiligen (S. 65–73); vgl. dazu das zusammenfassende Diagramm S. 73.

Zur Übung »Nehmen Sie sich einige Augenblicke Zeit«
1. Setzen Sie Ihren Glauben in Beziehung zu Ihren Ichzuständen (S. 65).
2. Stellen Sie eine Beziehung her zwischen Ihrer aktiven Beteiligung am kirchlichen Leben und Ihren Ichzuständen (S. 73 f).

Diskussionsfragen

1. Geben Sie aus eigener oder anderer Leute Erfahrung Beispiele dafür, wie EL-Glaubende über Religion denken. Empfinden Sie sich manchmal als EL-Glaubender? (S. 56–59).

2. Geben Sie aus Ihren Erfahrungen oder Beobachtungen Beispiele dafür, wie K-Glaubende über Glauben denken. Fühlen Sie sich manchmal als K-Glaubender? Wann? (S. 60–61).

3. Nennen Sie Beispiele für religiöse Anschauungen ER-Glaubender. Kennen Sie viele ER-Glaubende? Sind Sie selbst ein solcher? (S. 61–65).

4. Mit welchem Glaubenstyp (EL-, ER- oder K-Glaubender) fühlen Sie sich am besten beschrieben? Sehen andere Leute Sie ebenso? (Sie könnten dazu in Ihrer Gruppe eine Übung machen, indem Sie fragen, wie die Teilnehmer einander sehen, und die Antworten vergleichen) (S. 64).

5. Kennen Sie Menschen, die in Glaubensdingen jeder Kategorie zuzurechnen wären? Wie ist Ihre Beziehung zu den verschiedenen Typen? (S. 56–65).

6. An welchen kirchlichen Aktivitäten sind Sie – wenn überhaupt – besonders interessiert? Sagt Ihr Interesse oder dessen Mangel irgend etwas darüber aus, welchen Ichzustand Sie bevorzugen? (S. 65–73).

7. Sind Sie von den in Ihrer Gemeinde vorhandenen Aktivitäten befriedigt? Was für Änderungen würden Sie vorschlagen? Würden diese Änderungen den EL-, den ER- oder den K-Glaubenden neue Möglichkeiten eröffnen? Oder allen drei Gruppen? (S. 65–73).

8. Möchten Sie gerne die Art und Weise Ihrer gegenwärtigen Glaubenserfahrung und Ihrer kirchlichen Aktivität verändern? In der Sprache der TA: Wie würden die von Ihnen gewünschten Änderungen Ihre drei Ichzustände beeinflussen? (S. 65–73).

Zu Kapitel 4 (S. 75–98)

Wie kann ein Mensch geboren werden, wenn er alt ist?
OK- und nicht-ok-Glaubende

Überblick

Zusätzlich zu dem Konzept der drei Ichzustände beschreibt die TA die allgemeinen Einstellungen der Menschen dem »Leben als ganzem« gegenüber, indem sie die Grundpositionen des ok-Seins und nicht-ok-Seins verwenden.

Manche Menschen mögen sich selbst (sie sagen: »ich bin ok«), während andere sich nicht mögen (sie sagen: »ich bin nicht ok«). Menschen mögen andere Leute im allgemeinen (sie sagen dann: »du bist ok«) oder sie mögen sie im allgemeinen nicht (sie sagen dann: »du bist nicht ok« oder »ihr seid nicht ok«).

Diese Alternativen führen zu den vier Lebenspositionen, die in der Sprache des Glaubens auch unsere religiösen Standorte bestimmen.

Lebensposition	Glaubenshaltung
Ich bin ok – du bist ok	Der vertrauensvolle Glaubende,
Ich bin ok – du bist nicht ok	der überhebliche Glaubende,
Ich bin nicht ok – du bist ok	der ängstliche Glaubende,
Ich bin nicht ok – du bist	der hoffnungslose,
nicht ok.	verzweifelte Glaubende.

Menschen neigen dazu, sich selbst und andere Glaubende in einer dieser vier Glaubenshaltungen einzuordnen.

Ziele

1. Klärung der Lebensposition eines Glaubenden. Abb. 4 (S. 97) beschreibt zusammenfassend die vier Glaubenshaltungen.
2. Verstehen vom »Streicheln« und wie es eingesetzt wird (S. 81–84)[54].
3. Anerkennung der Tatsache, daß Menschen, die ihre eigene Lebensposition nicht annehmbar finden, sich ändern können (auch wenn dies kein einfacher oder leichter Prozeß ist) (S. 83 f).

Zur Übung »Nehmen Sie sich einige Augenblicke Zeit«

1. Bestimmen Sie Ihre eigene Lebensposition (S. 81).
2. Erinnern Sie sich des wohltuendsten (und des negativsten) Streichelns in Ihrer Kindheit (S. 84).
3. Formulieren Sie für jede der vier Glaubenspositionen ein entsprechendes Gebet (S. 96).

Diskussionsfragen

1. In welche Lebensposition würden Sie sich einordnen? Können Sie sich an wichtige Ereignisse erinnern, welche Sie zu dieser Entscheidung veranlaßt haben? (S. 75–79).
2. Würden Sie Ihre Glaubenshaltung gerne irgendwie ändern? Beschreiben Sie, wie Sie gerne wären. Nennen Sie konkrete Beispiele (S. 79–81).
3. Erklären Sie mit Ihren eigenen Worten, was »Streicheln« bedeutet, und teilen Sie einige persönliche Beispiele mit, wie Sie selbst »gestreichelt« haben oder »gestreichelt« wurden (S. 81–84).
4. Macht es Ihnen Freude zu »streicheln« und »gestreichelt« zu werden? Sprechen Sie dabei auch von Ihren Gefühlen und Reaktionen (S. 81–84).

5. Können Sie sich an irgend eine persönliche Erfahrung als Glaubender erinnern, in der »Streicheln« eine wichtige Rolle gespielt hat? (S. 81–84).
6. »Streicheln« Sie jemals als Glaubender? Entwickeln Sie Ideen, wie Sie in Ihrem eigenen Glaubensleben oder für die religiöse Erfahrung anderer dies »Streicheln« ausüben (oder besser ausüben) könnten; z. B. indem Sie anderen Menschen helfen, ihre Glaubenshaltung zu ändern (S. 81–84).
7. »Streichelt« Gott? Beschreiben Sie, was Sie darunter verstehen (S. 81–84).
8. Wie spiegelt Ihre Lebensposition Ihr Glaubensleben und Ihre Glaubenserfahrung wider? Nennen Sie Beispiele dafür (S. 84–96).
9. Aus welcher Glaubenshaltung beten Sie meistens? Wie würden Sie gerne beten? (S. 96).

Zu Kapitel 5 (S. 99–115)
Wer ist aber nun ein treuer und kluger Diener des Herrn?
Die Verhaltensweisen der Glaubenden und warum sie so geworden sind

Überblick
»Was will Gott, daß ich tun soll?«, ist eine bei Glaubenden übliche Frage. Dieses Kapitel zeigt, wie die allgemeine Glaubenshaltung des Menschen sein Handeln beeinflußt. Auch psychologisch gesehen zeigt sich, daß ethische Entscheidungen oft von der Lebensposition her bestimmt sind.
Dies Kapitel sagt den Glaubenden *nicht*, was sie tun sollen oder warum sie so handeln sollen, sondern es zeigt nur, wie die Verhaltensweisen der Glaubenden in den verschiedenen Glaubenspositionen beobachtet werden können.

Ziele
1. Verständnis dafür, wie jede Glaubenshaltung sich auf die *Handlungsweise* des Glaubenden auswirkt. Abb. 5 (S. 112) faßt die Verhaltensweisen der Glaubenden zusammen.
2. Verständnis dafür, warum die Glaubenden so handeln. Abb. 6 (S. 113) faßt die verschiedenen »Warums« zusammen.

Zur Übung »Nehmen Sie sich einige Augenblicke Zeit«
Diskutieren Sie das Gleichnis vom Barmherzigen Samariter in der Sprache der TA (Lk. 10, 30–35) (S. 115).

Diskussionsfragen
1. Nennen Sie aus Ihrem Leben oder aus dem Leben derer, die zu Ihnen gehören, Beispiele von typischen Formen religiösen Verhaltens und Mitein-

ander-Redens, die zu jeder der vier Glaubenshaltungen gehören. Aus welcher Glaubenshaltung heraus handeln Sie für gewöhnlich? (S. 100–115).

2. Vergleichen Sie die unterschiedlichen Qualitäten ethischer Entscheidungen in jeder der vier Glaubenspositionen. Können Sie sich an Zeiten Ihres Lebens erinnern, in denen Sie einen anderen ethischen Standpunkt einnahmen als heute? (S. 100–115).

3. Waren Sie je ein überheblicher Glaubender? Kennen Sie Menschen, die überhebliche Glaubende sind? Wie gehen solche Menschen im allgemeinen mit Glaubensfragen um? (S. 103–107).

4. Diskutieren Sie einige Probleme, die für ängstliche oder hoffnungslose Glaubende typisch sind: Mutlosigkeit, Ungeduld, Ärger, Eifersucht, Neid, Angst, Einsamkeit usw. (S. 107–115).

5. Wie gehen ängstliche Glaubende mit »gestreichelt-werden« um? Geben ängstliche Glaubende »Streicheln« auch für andere? Erläutern Sie Ihre Antwort (S. 107–109).

6. Unter den Menschen des Alten und Neuen Testaments finden sich gute Beispiele für alle vier Glaubenshaltungen. Denken Sie an die Ihnen bekannten biblischen Gestalten und überlegen Sie, welcher Kategorie sie zuzurechnen sind. Aus dem Alten Testament denken Sie z. B. an Abraham, Joseph, Mose, Jesaia, Jeremia, Hiob, David u. a. Im Neuen Testament betrachten Sie Jesus, Petrus, Johannes den Täufer, Maria Magdalena, Martha, Judas, die Pharisäer etc. (S. 100–115).

7. Was für ein treuer und kluger Diener des Herrn möchten Sie selbst gerne sein? Was könnte Sie davon abhalten, solch ein Mensch zu sein? (S. 100–115).

8. In welcher Glaubenshaltung sehen Sie Ihre Mutter, Ihren Vater? Die anderen Familienglieder? Pfarrer, die Sie kennen? (S. 112 f).

9. Diskutieren Sie das Gleichnis vom Barmherzigen Samariter in der Art, wie es in der Übung »Nehmen Sie sich ... Zeit« vorgeschlagen wird (S. 115).

Zu Kapitel 6 (S. 116–139)
Wie sollten wir des Herrn Lied singen im fremden Land?
Ein vertrauensvoller Glaubender bleiben

Überblick
In diesem Kapitel werden einige Antworten auf folgende Fragen vorgeschlagen: Wie kann ich ein vertrauensvoller Glaubender werden und bleiben? Wie kann ich mit der Inneren Kraft in Kontakt bleiben?

Dieses Kapitel untersucht, wie Glaubende im allgemeinen aus der Lebensposition ihrer Kindheit zu vertrauensvollen Glaubenden heranwachsen.

Ziele
1. Verständnis dafür, wie Menschen zu vertrauensvollen Glaubenden werden (S. 116–121).
2. Sich die sieben hilfreichen Verhaltensweisen (»Strategien«) aneignen, um ein vertrauensvoller Glaubender zu bleiben.

Zur Übung »Nehmen Sie sich einige Augenblicke Zeit«
Zählen Sie Erlebnisse und Erfahrungen auf, die Ihr ok-Sein bedrohen, und solche, die es stärken können (S. 139).
Diese Übung ist sehr wichtig. Ermutigen Sie die einzelnen, sie auch für sich allein zu machen; wenn sie das getan haben, bitten Sie, daß sie ihre Aufzeichnungen einander mitteilen.

Diskussionsfragen
1. Es wird hier behauptet, daß Glaube ein fortwährendes Wachsen ist, von der Sklaverei zur Freiheit. Sind Sie damit einverstanden? Erläutern Sie Ihre Antwort und nennen Sie Beispiele dafür (S. 116).
2. Wie kann die Erkenntnis Ihrer gegenwärtigen Glaubenshaltung Ihnen helfen, ein vertrauensvoller Glaubender zu werden? Genauer: Was können Sie in Ihrem Leben tun, um die Einstellung eines vertrauensvollen Glaubenden zu erreichen und/oder zu behalten? (S. 116–121).
3. Kann das »Gleichnis vom Sämann und dem Samen« auf Ihr eigenes Leben angewandt werden? Wie? Paßt es auch auf das Leben Ihrer Familie und Ihrer Freunde? (S. 122).
4. Geben Sie aus Ihrem Leben oder aus dem Ihrer Bekannten Beispiele dafür, wie ein Mensch mit Hilfe der sieben »Strategien« ein vertrauensvoller Glaubender bleiben kann (S. 122–138).
5. Welcher von diesen sieben Punkten ist Ihnen besonders wichtig? Es könnte z. B. sein, daß Ihnen einer davon besonders liegt, daß Sie aber noch nie an einen der anderen gedacht haben, oder vielleicht erscheint Ihnen jetzt ein anderer persönlich wichtig (S. 122–138). Diskutieren Sie Ihre Gefühle im Blick auf die sieben Punkte.
6. Diese sieben Fähigkeiten ermöglichen es, ok zu sein und auch ein ok-Glaubender zu bleiben. Überlegen Sie sich, welche Fähigkeiten Sie heute besser handhaben als zu der Zeit, da Sie mit ihrer Einübung begannen; zählen Sie so viele persönliche Beispiele auf wie möglich (S. 122–138).
7. Die Veränderung zu einem ok-Glaubenden wird hier mit der Wiederge-

burt verglichen (S. 136 f). Ist dies auch Ihre Erfahrung oder die Erfahrung eines Menschen, den Sie kennen?

8. Die Autoren sagen: »OK-Glaubende scheuen sich nicht, Fehler zuzugeben oder ihre Meinung zu ändern.« Was empfinden – Ihrer Meinung nach – überhebliche, ängstliche oder verzweifelte Glaubende, wenn sie Fehler machen oder ihre Meinung ändern? (S. 137 f).

9. Die Autoren sagen, daß sich geistliche Wandlung und Wiedergeburt im Inneren Kern durch die Einwirkung der Inneren Kraft vollziehen. Leuchtet Ihnen dies ein? Erläutern Sie Ihre Meinung anhand von Beispielen aus Ihrem eigenen Leben (S. 122–138).

Zu Kapitel 7 (S. 140–166)
Was ist es denn für ein Haus, das ihr dem Herrn bauen wollt?
Ok-Gemeinden

Überblick
Dieses Kapitel zielt auf das Leben der Gemeinde. Es zeigt, in psychologischer Sicht, warum es verschiedene Gemeinden gibt, von denen einige ok sind, andere weniger; warum einige von ihnen deutliche EL-Charakteristika zeigen, während andere mehr vom ER- oder vom K-Ich her bestimmt sind.

In diesem Kapitel wird besprochen, was zum Gemeindeleben gehört: kirchliche Gebäude (die den Charakter der dorthin kommenden Menschen ausdrücken), die Gemeinde selbst, Pfarrer, kirchliche Mitarbeiter. Das Kapitel spricht auch von kirchlichen Ritualen, von der Liturgie, von den Sakramenten, von kirchlichen Gesetzen und Vorschriften und von dem, was diese Elemente für die verschiedenen Formen von Gemeinde bedeuten[55].

Ziele
1. Imstande zu sein, im Lichte psychologischer Deutung die verschiedenen Gemeindetypen zu identifizieren – ok- und nicht-ok-, EL-, ER- oder K-Gemeinden. Abb. 7 (S. 154 f) faßt die Kriterien zusammen, nach denen eine Gemeinde eingeordnet werden kann.

2. Erkennen, daß jede Gemeinde ihre eigene personale Struktur hat, die sich in ihrem Verhalten zum Pfarrer, zu den Ritualen, zu den Sakramenten, zu den Kirchengesetzen usw. ausdrückt. Abb. 8 (S. 164 f) faßt die Verhaltensweisen gegenüber der Liturgie, den Sakramenten und den Kirchengesetzen zusammen.

1. Entwickeln Sie ein psychologisches Verständnis für die verschiedenen Gemeinden, die Sie persönlich kennen (S. 156).
2. Entdecken Sie die psychologische Grundposition der Gemeinde, zu der Sie augenblicklich gehören (S. 166).

Diskussionsfragen

1. Beschreiben Sie mit Ihren eigenen Worten jede der in diesem Kapitel vorgestellten fünf verschiedenen Gemeindeformen. Welches sind für Sie die Vor- und Nachteile einer jeden? (S. 141–156).
2. An welcher Art kirchlichen Lebens sind Sie am häufigsten beteiligt? Empfinden Sie diese als hilfreich oder hinderlich? Haben Sie je einen anderen Stil kirchlicher Gemeinschaft erlebt? Teilen Sie Ihre Reaktionen der Gruppe mit; sagen Sie z.B., was Ihnen mißfiel und was Sie hilfreich fanden (S. 141–156).
3. Inwiefern tragen Sie dazu bei, den Zustand der Gemeinde, wie sie heute ist, aufrecht zu erhalten? Handeln Sie manchmal so, daß das Verhaltensmuster Ihrer Gemeinde gestört wird? (S. 141–156).
4. Wie stark ist Ihrem Eindruck nach der Einfluß des Pfarrers auf die Struktur einer Gemeinde? Zeigen Sie an konkreten Beispielen, in welcher Weise der Pfarrer die »Persönlichkeit« einer Gemeinde beeinflußt (S. 141–156).
5. Stellen Sie sich eine Gemeinde vor, deren geistliche Leiter Merkmale des strafenden bzw. des übergenauen EL-Ichs tragen. Was könnten Sie an konstruktiver Hilfe für eine solche Gemeinde leisten? Was könnten Sie tun, wenn die Pfarrer entweder vom feindseligen oder vom regressiven K-Ich her bestimmt sind? (S. 141–156).
6. Wie erleben Sie Rituale und Liturgie in Ihrer eigenen Gemeinde? Befriedigen die Gottesdienste Ihre Bedürfnisse und Gefühle? Wird Ihr Denken angesprochen? Werden Ihre persönlichen Wertmaßstäbe bestärkt? Könnten die Gottesdienste besser gestaltet werden? Wie? Was könnte getan werden, um die von Ihnen vorgeschlagenen Verbesserungen durchzuführen? (S. 156–159).
7. Welchen Stellenwert haben in Ihrer Gemeinde die kirchlichen Ordnungen und Vorschriften? Wirken sie sich in gutem oder in schlechtem Sinne aus? (S. 161–166).
8. Äußern Sie einige Ihrer Ansichten über Liturgie, Gottesdienst, Sakramente, kirchliche Ordnungen und Vorschriften. Welche Rolle spielen diese Einrichtungen in Ihrem persönlichen geistlichen Leben und in dem Ihrer

Gemeinde? Bietet sich Ihnen ein psychologisches Bild Ihrer selbst an, wenn Sie diese Fragen beantworten? (S. 156–165).

9. Teilen Sie einander mit, in welcher Weise Sie kirchliches Leben und religiöses Verhalten fördern. Achten Sie darauf, ob Sie dabei neue Möglichkeiten finden, Ihre Rolle als Glied einer Glaubensgemeinschaft zu verstehen (S. 156–165).

Zu Kapitel 8 (S. 167–185)
Habt ihr nicht den gesehen, den meine Seele liebt?
Das Gebet und die Gotteserfahrung

Überblick
Dieses Kapitel handelt in der Sprache der TA vom Gebet, vom Gebet in der Gemeinschaft mit anderen und von der Erfahrung mit Gott. Das Kapitel will dazu helfen, etwa folgende Fragen zu beantworten: Warum denken die Glaubenden in so unterschiedlicher Weise über Gott? Wie beeinflussen die Eigenarten der drei Ichzustände die Gottesanschauung der Glaubenden? Wie können die Menschen von ihrem Inneren Kern her in Kontakt mit Gott kommen?
Wie dieses Kapitel zeigt, finden jene Glaubenden die tiefste Befriedigung in der religiösen Erfahrung, in denen die Qualitäten des EL-, des ER- und des K-Ichs am innigsten miteinander verschmolzen sind.

Ziele
1. Verständnis dafür, daß es, psychologisch gesehen, viele Gottesvorstellungen gibt, und daß die Persönlichkeit des Glaubenden seine Weise, über Gott zu denken, beeinflußt (S. 168–185).
2. Bereitschaft, zu Menschen, die andere Gottesvorstellungen haben, Beziehung aufzunehmen (S. 168–185).
3. Verständnis für die Eigenart des »autonomen Glaubenden« (S. 182–185).

Zur Übung »Nehmen Sie sich einige Augenblicke Zeit«
Verständnis dafür entwickeln, wie sich die verschiedenen Ichzustände der Menschen auf ihre Interpretation der Bibel auswirken (ein besonders gutes Diskussionsmaterial für Bibelkenner) (S. 185).

Diskussionsfragen
1. Was bedeutet »Liebe« für Sie? Ist sie eine Antriebskraft in Ihrem Leben? Wie wirkt sie in Ihrem Leben? Nennen Sie Beispiele aus Ihrem Alltag und aus Ihrem Glaubensleben (S. 167).

2. Wenn Sie in die Kirche gehen, erwarten Sie, dort etwas über die Liebe zu hören? Kommen Sie in die Kirche, um lieben zu lernen? Denken Sie, daß Gott vor allem Liebe ist? Wenn nicht, wie würden Sie dann Gottes Wesen beschreiben? (S. 167).

3. Lassen Sie sich etwas Zeit und formulieren Sie dann einige Gebete, die Sie schon zu Gott gesprochen haben. Was sagen Ihnen diese Worte über Ihre Gottesvorstellung? Vergleichen Sie Ihre Antworten mit denen der anderen (S. 168 f).

4. Schreiben Sie hintereinander auf, welche verschiedenen Eigenschaften Menschen bei Gott suchen. Lassen sich die erwähnten Eigenschaften mit bestimmten Merkmalen der betreffenden Menschen in Verbindung bringen? Nennen Sie einige konkrete Beispiele dafür (S. 168 f).

5. Wenn Sie die fünf verschiedenen Glaubenden fragen würden: »Wie ist Gott?« oder »Warum beten die Menschen?« – worin würden sich ihre Antworten unterscheiden? Nennen Sie konkrete Beispiele für jede Art (S. 168–182).

6. Beschreiben Sie mit Ihren eigenen Worten, wie der Innere Kern alle drei Ichzustände im Glauben miteinander verschmelzen kann – die Reflektion des ER-Ichs, die Gefühle des K-Ichs und die Fürsorge des EL-Ichs (S. 168–182).

7. Es wird gesagt, daß mystische Gebetserfahrungen für den ok-K-Ichzustand charakteristisch sind. Was sagen Sie dazu? Nennen Sie Beispiele zur Erläuterung Ihrer Stellungsnahme (S. 180).

8. Der autonome Glaubende ist durch *Bewußtheit, Spontaneität* und *Intimität* charakterisiert. Erläutern Sie mit Ihren eigenen Worten, was jeder dieser drei Begriffe meint. Wie zeigt sich die Integration im Glauben in diesen drei Qualitäten? (S. 182–185).

9. Suchen Sie nach Beispielen aus Ihrem eigenen Leben, wo Sie Bewußtheit, Spontaneität und Intimität verwirklicht haben. Gibt es noch andere Bereiche Ihres Lebens, in denen diese Ihre Fähigkeit noch wachsen könnte? (S. 182–185).

Zu Kapitel 9 (S. 186–195)
Wer wälzt uns den Stein von des Grabes Tür?
Das ok-Sein und die Bibel

Überblick
Nur dieses eine Kapitel ist ausgesprochen »christlich«, denn unser Buch befaßt sich auch mit vielen Glaubenden, die anders denken.

Die große Frage dieses Kapitels lautet: Sagt Gott zu mir »du bist ok«? Die Antwort heißt, daß Gott seinen ok-Segen durch das Alte und das Neue Testament der ganzen Menschheit zukommen läßt. Dieses Kapitel betont Gottes universale Einladung zur Erlösung, wie sie von Jesus und seinen Jüngern verkündet wurde.

Ziele
1. Den Standpunkt der Bibel zum ok-Sein ergründen (S. 186–194).
2. Die Einstellung der Bibel zu Nicht-Glaubenden verstehen (S. 186–195).

Diskussionsfragen
1. Kennen Sie solche Leute, die – um Shirley MacLaine's Worte zu zitieren – nie versucht haben, »den wahren Menschen in sich selbst auszugraben«, weil sie Angst davor haben? Wie würden Sie die Ängste beschreiben, die die Menschen vor Gott und vor dem Glauben haben? (S. 186).
2. Glauben Sie, daß Gott zu Ihnen sagt: »Du bist ok?« Glauben Sie, daß er das zu jedem sagt? Erläutern Sie Ihre Antwort. Sind alle Gruppenteilnehmer mit Ihnen einverstanden? (S. 186 f).
3. Das Evangelium ist die »Gute Botschaft«. Sagen Sie mit Ihren eigenen Worten: Was ist die Gute Botschaft, von der das ganze Neue Testament spricht? Können Sie die Gute Botschaft in der Sprache der TA beschreiben? (S. 188 f).
4. Jesus sagt, wir können Gott »unseren Vater« nennen, weil wir in ihm bzw. in seinem Geiste leben. Kann »Gottes Geist« auch eine Form sein, die Innere Kraft zu beschreiben? Erläutern Sie das (S. 189 f).
5. Lebt die Innere Kraft in jedem Menschen? Müssen Sie an die Innere Kraft glauben, bevor Sie diese entdecken können? Erläutern Sie Ihre Antwort (S. 189–191).
6. Sagen Sie mit Ihren eigenen Worten: Wie wirkt das Böse auf unser Leben ein, und wie überwindet Gott das Böse in uns? Wie würden Sie die Sünde und das Böse in der Sprache der TA beschreiben? (S. 191–193).
7. Jesus hat einst, ohne weitere Einschränkung, gesagt: »Dabei wird jedermann erkennen, daß ihr meine Jünger seid, so ihr Liebe untereinander habt« (Joh 13,35). Gibt es anonyme Christen? D.h. können Menschen als Jünger Jesu handeln, ohne es zu wissen? (S. 194 f).
8. Aus welchen Gründen weigern sich – Ihrer Meinung nach – manche Menschen, der Einladung, ok-Glaubende zu sein, zu folgen? (S. 194 f).
9. Kennen Sie noch andere theologische Schriften? Was sagen sie über das ok-Sein?

ANMERKUNGEN

1. Siehe M. James/D. Jongeward, Spontan leben, Reinbek 1974, 133–154; 272–277.
2. M. James/D. Jongeward, aaO. 253–311.
3. Siehe M. James, Born to Love. Transactional Analysis in the Church, Reading/Mass. 1973, 181–200.
4. R. May, Power and Innocence, New York 1972, 243.
5. E. Berne, Spiele der Erwachsenen. Psychologie der menschlichen Beziehungen, Hamburg 1967.
6. E. Butterworth, Life is for Loving, New York 1972, 8.
7. E. Berne, Principles of Group Treatment, New York 1964, 221.
8. A. Richardson, A Theological Word Book of the Bible, New York 1972, 14.
9. M. James, Born to Love, 8.
10. L. Huxley, You are not the Target, New York 1963, 39.
11. Thomas Morus, Utopia, RUB 513/14, 135 ff.
12. S. Butler, Extracts from the Note-Books, London 1934, 119.
13. E. Berne, Spiele der Erwachsenen, 18.
14. Siehe E. Berne, Spiele der Erwachsenen.
15. A. M. Ramsey/L. J. Suenens, The Future of the Christian Church, New York 1970, 41.

16. G. Bernanos, Tagebuch eines Landpfarrers, Leipzig 1938, 10 f.
17. E. Berne, Spielarten und Spielregeln der Liebe, rororo-TB 6848, 1974, 143.
18. E. Berne, Spiele der Erwachsenen, 248.
19. Ebda.
20. Sh. MacLaine, Don't Fall off the Mountain, New York 1970, 159.
21. Mt 6,26;9,13;18,10–14; Mk 1,14–15;10,14; Lk 12,7.24;13,34;15,24; 1 Joh 3,1;4,7–21.
22. Joh 1,4;5,24;6,35; 1 Joh 1,1.2.
23. Joh 6,56–57.
24. Röm 5,5; 1 Kor 3,16; 2 Kor 3,17; Gal 4,6.
25. 1 Joh 3,10; 2 Kor 5,17; Gal 4,5.
26. Röm 8,35–39.
27. 1 Joh 3,9; 2 Petr 1,4.
28. 1 Joh 4,7–21.
29. 1 Thess 5,9; 2 Thess 2,13; 2 Tim 1,9.
30. 1 Joh 4,10; Eph 2,5; Tit 2,11 und 3,5.
31. Jes 42,6.
32. Joh 3,16.
33. Mk 16,16; Joh 10,9; Apg 28,28; Röm 11,11; 1 Tim 2,4 und 4,10.
34. Apg 13,26.
35. Eph 1,10.
36. Röm 8,21–22.
37. Hebr 2,14–15.
38. 2 Kor 4,7–11.
39. Röm 8,1; 2 Kor 4,11; Gal 1,4.
40. Ps 51, 16–17; Lk 18,13.
41. Ps 12,6; 18,28;76,10;109,31; Hiob 5,15 und 22,29 f.
42. 2 Kor 1,21–22.
43. Jer 31,34; Hebr 10, 11–18.
44. Joh 3,15.36;20,31.
45. 1 Tim 2,4;4,10.
46. Hab 2,4.
47. 2 Mose 14,31; 19,9; 4 Mose 14,11; 5 Mose 1,32; Ps 78,22.
48. Röm 14,1; 2 Kor 10,15; 1 Thess 3,10.
49. Röm 13,8–10; Gal 5, 13–14.
50. 1 Joh 4,16;3,14 f.
51. Obwohl das Konzept der Ichzustände in Kap. 1 (S. 21-31) erklärt wurde, besteht vielleicht der Wunsch nach weiterer Erläuterung; vgl.

dazu M. James/D. Jongeward, Spontan leben, und weitere Literatur aus dem Literaturverzeichnis S. 215.

52. M. James hat den »Inneren Kern« als das »spirituelle Selbst« eingeführt (siehe M. James, Born to love, 181-200).

53. Da diese Übungen in der Stille und im Alleinsein gemacht werden sollten, könnten sie als »Hausaufgabe« mitgegeben und erst in der nächsten Gruppenzusammenkunft besprochen werden.

54. Zum tieferen Verständnis von »Streicheln« vgl. M. James / D. Jongeward, Spontan leben, 67-86.

55. Neue Gesichtspunkte für kirchliche Gruppenarbeit finden sich in dem Kapitel »Gemeinden der Freundschaft«, in: M. James / L. M. Savary, The Heart of Friendship, New York 1976, 185-205.

LITERATUR

Eric Berne, Transactional Analysis in Psychotherapy, New York 1961
–, Spiele der Erwachsenen. Psychologie der menschlichen Beziehungen, Reinbek 1967
–, Principles of Group Treatment, New York 1969[2]
–, Spielarten und Spielregeln der Liebe. Psychologische Analyse der Partnerbeziehung, Reinbek 1967
–, Was sagen Sie, nachdem Sie Guten Tag gesagt haben? Psychologie des menschlichen Verhaltens, München 1975
Otto Betz, Elemente der transaktionalen Analyse in der seelsorgerlichen Praxis, in: Wege zum Menschen 27 (1975), 193–201
Howard J. Clinebell, Modelle beratender Seelsorge, München/Mainz 1977[3]
–, The people dynamic. Changing self and society through groups, New York/San Francisco/London 1972
–, Reifezeugnis für die Ehe, München/Mainz 1976
Thomas A. Harris, Ich bin okay, du bist okay, Hamburg 1973
Helmut Harsch, Theorie und Praxis des beratenden Gesprächs, München 1977[3]
–, Hilfe für Alkoholiker und andere Drogenabhängige, München/Mainz 1976

Muriel James / Dorothy Jongeward, Spontan leben. Übungen zur Selbstverwirklichung, Reinbek 1975[2]

Muriel James, Born to love, Reading/Mass. 1973

Joseph W. Knowles, Gruppenberatung als Seelsorge und Lebenshilfe,
München/Mainz 1971

Gisela Kottwitz, Transaktionsanalytische Familientherapie, in: Integrative
Therapie 2 (1976), Heft 2

Heinz Müller-Pozzi, Psychologie des Glaubens. Versuch einer Verhältnis-
bestimmung von Theologie und Psychologie, München/Mainz 1975

Rüdiger Rogoll, Nimm dich, wie du bist. Einführung in Transaktionsanalyse, Freiburg 1976

John O. Stevens, Die Kunst der Wahrnehmung. Übungen der Gestalttherapie, München 1976[2]

Dietrich Stollberg, Seelsorge durch die Gruppe, Göttingen 1971

BERATUNGSREIHE

Klaus Winkler · Emanzipation in der Familie
(Bd. 6) 96 Seiten. Kartoniert.

»Vom Thema her ein notwendiges Büchlein in der sogen. »Beratungsreihe«. Ich fand in den Ausführungen ausgesprochen Hilfreiches bei der Aufarbeitung der Probleme von jungen Erwachsenen, mindestens für einen überzeugten Christen, aber auch recht Schwaches (z. B.: Ehe und Sexualität), obwohl manche Vorstellung üblich ist. Für einen Gesprächskreis mit einem sachkundigen Berater.« *Wort und Weg*

Heije Faber
Junge Erwachsene auf dem Weg zur Selbstfindung
Aus dem Holländischen von Ulrich Kabitz. (Bd. 5) 96 Seiten. Kartoniert.

Ist die Familie noch geeignet, den einzelnen zu persönlicher Reife und eigenständigem Verhalten heranreifen zu lassen? Der Autor setzt sich mit modernen Lösungsversuchen auseinander und kommt zu dem Ergebnis, daß die weit geöffnete Familie mit variablen Außenbezügen und flexibler Rollenverteilung die beste Chance zur Emanzipation bietet.

Hans-Christoph Piper · Kranksein – Erleben und Lernen
(Bd. 4) 80 Seiten. Kartoniert.

Erwin Ringel · Selbstmord – Appell an die anderen
Eine Hilfestellung für Gefährdete und ihre Umwelt. (Bd. 3) 96 Seiten. Kartoniert.

Howard und Charlotte Clinebell
Kinder in Entwicklungskrisen: Was können Eltern tun?
Aus dem Amerikanischen von Ulla Leippe. (Bd. 2) 80 Seiten. Kartoniert.

Dietrich Stollberg · Nach der Trennung
Erwägungen für Geschiedene, Entlobte, Getrennte und – Verheiratete, (Bd. 1) 96 Seiten. Kartoniert.

Alle Titel in Gemeinschaft mit dem Matthias-Grünewald-Verlag, Mainz

CHR. KAISER VERLAG

John O. Stevens

DIE KUNST DER WAHRNEHMUNG

Übungen der Gestalt-Therapie. Aus dem Amerikanischen von Anna Sannwald.
2. Aufl. 1976. 272 Seiten. Kartoniert.

»Gestalttherapie – in den USA von Frederick S. Perls entwickelt – wird als relativ neues Verfahren inzwischen auch bei uns praktiziert. Ihr geht es darum, das Wahrnehmungsvermögen (›awareness‹) des Klienten zu verbessern, damit er sich seiner selbst bewußter wird, seine eigene ›Gestalt‹ zu entfalten vermag, und mehr Selbstverantwortung entwickeln kann. Zur Veranschaulichung des Verfahrens und zum Eigentraining, vor allem in Gruppen, werden mehr als 100 Übungen einschließlich der erforderlichen Anleitungen ausführlich dargelegt. Damit verknüpft der Autor tatsächlich in wirksamer Weise Erwachsenenbildung und Lebenshilfe: die Übungen implizieren nämlich Formen der Kommunikation, der Beobachtung, der Offenbarung von Phantasien und der kreativen Gestaltung im pantomimischen, musikalischen und bildnerischen Bereich. Der Nutzen der Übungen für das Wahrnehmungsvermögen ist ohne Zweifel erheblich.« *Archiv für angewandte Sozialpädagogik*

»Was wir immer wieder versuchen, ist problematisch: Sich selbst verändern zu wollen, um ein anderer zu werden als der, der ich bin. Dazu bedarf es der Wahrnehmung der ganzen Erfahrung, auch derjenigen, die ich nicht zulasse. Wenn ich mit meinen Gefühlen und körperlichen Empfindungen Kontakt bekomme, sie zulasse und mit ihnen in Übereinstimmung komme, geschieht Veränderung von selbst. Das Buch von Stevens enthält eine große Zahl von Übungen, die den Körper, die Sinne und die Phantasie einbeziehen.« *Wege zum Menschen*

CHR. KAISER VERLAG

Hans-Günter Heimbrock

PHANTASIE UND CHRISTLICHER GLAUBE

Zum Dialog zwischen Theologie und Psychoanalyse. Mit einem Vorwort von Joachim Scharfenberg. (Gesellschaft und Theologie / Praxis der Kirche) 160 Seiten. Kst.
In Gemeinschaft mit dem Matthias-Grünewald-Verlag, Mainz

Das neue Interesse an religiösen Fragen und den Möglichkeiten religiöser Erfahrung, besonders bei Jugendlichen stellt die überkommenen und für gesichert gehaltenen Formen der kirchlichen Frömmigkeit und des aufgeklärten religiösen Bewußtseins im »religionslosen Zeitalter« radikal in Frage. Die Forschung hat zu einem tieferen Verständnis und zur theologischen Bewertung dieser Entwicklung bisher nur zögernd beigetragen. Heimbrock nimmt die »Herausforderung« ernst und wählt zur Beantwortung der aufgeworfenen Fragen eine ganz bestimmte Perspektive: Er betrachtet die diversen Phänomene vorrangig im Blick auf die dabei in ungeahnter Weise frei werdende, aktivierte Phantasie und leistet damit einen brisanten religionspsychologischen Beitrag zur aktuellen Situation.

Hans Frör

SPIEL UND WECHSELSPIEL

Kommunikationsspiele für Gruppen – Material und Methodik.
3. Aufl. 176 Seiten. Kartoniert.

»Auf dieses Buch möchte ich nachdrücklich alle Mitarbeiter aufmerksam machen, die irgendwie mit Gruppen zu tun haben. Es handelt sich um weit mehr als um ein sogenanntes Spielbuch, das Gebrauchsanweisungen für Gesellschaftsspiele angibt. Es geht vielmehr um eine durchweg praktische Anleitung, die Spiele im gruppendynamischen Sinn für den Prozeß zwischenmenschlicher Beziehung fruchtbar zu machen. Wer mit Gruppen zu arbeiten hat, wird sich gern durch die wirklich außerordentlich brauchbaren Ausführungen Frörs helfen lassen.« *Wort und Tat*

CHR. KAISER VERLAG

ganz praktisch

Eleonore von Rotenhan · Das Praktikum

Ein Wegweiser für Praktikanten, Praxisanleiter, Institutionen und Ausbildungsstätten. (anleitungen) 124 Seiten. Kartoniert.

Selten wird man ein so frisch geschriebenes Buch finden. Man spürt beim Lesen, wie praxisverbunden die Autorin an das Thema herangegangen ist. Das Buch gehört in die Hand eines jeden Praxisanleiters an Fachschulen/Fachakademien und Fachhochschulen.
Informationsdienst für Dozenten an sozialpädagogischen Ausbildungsstätten, München

Hans Frör · Konflikt-Regelung

Kybernetische Skizzen zur Lebensberatung. (anleitungen) 160 Seiten mit 27 graph. Darstellungen. Kartoniert.

Für alle, die in beratender und therapeutischer Absicht mit Menschen zu tun haben, gibt Frör eine wertvolle Hilfe zur effektiveren Strukturierung und gezielteren Planung ihrer Arbeit.

Howard J. Clinebell · Reifezeugnis für die Ehe

Wachstumsorientierte Kommunikation in Ehe und Partnerschaft. Redaktion und Einführung von Helmut Harsch. Aus dem Amerikanischen. (anleitungen) 112 Seiten. Kartoniert.

Der amerikanische Theologe und Therapeut Howard J. Clinebell hat ein neues Verfahren entwickelt und vorgeschlagen, das nicht erst beginnt, wenn eine Ehe oder eine Partnerbeziehung in die Krise geraten ist, sondern bereits vorher.

Georg Kugler / Herbert Lindner
Trauung und Taufe: Zeichen der Hoffnung

Begründung und Modelle. (anleitungen) 108 Seiten. Kartoniert.

Dieter Stolz · Ein Lehrstück und sechs Thesen

Zur Reform des § 218. (materialien) 48 Seiten. Kartoniert.

CHR. KAISER VERLAG